FINTECH ECOSYSTEM

핀테크에코시스템
혁신을 잡아라

양효은

박영사

/ 차 / 례 /

그림 차례

표 차례

핀테크, 위기가 불러온 기회

2018년 초 암호화폐 cryptocurrency 투자 열풍으로 인한 소용돌이가 대한민국을 강타했다. 암호화폐와 관련된 불법 거래와 사기 행각이 발각되면서 정부 당국은 암호화폐 거래소를 아예 폐쇄하겠다고 나섰고, 이에 대해 금융업계와 특히 핀테크 산업계는 정부의 이러한 과격한 규제 행위는 벼룩 잡자고 초가삼간 다 태우는 꼴이라며 전면 반격에 나섰다.[1] 도대체 왜 이런 일이 벌어진 것일까? 암호화폐 거래를 둘러싼 이러한 소동은 우리 금융시장의 구조와 투자 문화, 그리고 규제 시스템의 한계를 극단적으로 보여 준 사건이다.

잘 알려진 바와 같이 가상화폐 virtual currency 또는 디지털 화폐 digital currency 라고도 지칭되는 암호화폐는 블록체인 기술 blockchain technology 을 통해 개발된 새로운 유형의 지급수단이다. 블록체인은 지난 수년간 혁신의 아이콘이자 글로벌 금융시장에서 신성장 동력으로 자리매김한 핀테크의 주요 기술이기도 하며, 금융을 넘어 미래 산업의 패러다임을 뒤흔들 만한 잠재력을 갖고 있는 기술로 각광받고 있다. 분산원장 distributed ledger 을 기반으로 하는 블록체인 기술을 통해 과거보다 훨씬 낮은 비용으로 더 정확하고 투명한 방식으로 금융 서비스를 제공받을 수 있으며, 시장에서 발생되는 각종 거래에 대한 관리 및 감독도 더 용이해질 수 있다.[2]

그런데 이러한 새로운 금융 기술을 암호화폐 하나에 국한시켜 단순히 큰 돈을 벌 수 있는 투자 또는 투기의 수단으로만 생각하면 매우 곤란하다. 투자자도 정부도 마찬가지이다. 핀테크는 금융의 새로운 방식이자 소비자의 편익을 극대화하기 위한 새로운 금융 서비스의 제공 방식으로 이해할 필요가 있다. 실제로 이미 핀테크가 더 이상 혁신의 상징이 아닌 금융 서비스 산업의 중요한 축으로 자리잡아 가고 있는 선진국들의 사례를 살펴보면, 핀테크의 핵심 요소와 특유의 구조에 대한 포괄적인 이해에 기반하여, 기술 및 서비스 개발, 상품 판매와 투자, 그리고 규제와 감독이 이뤄지고 있다는 것을 알 수 있다. 아무리 큰 관심을 갖고 집중적 투자와 육성 정책을 마련한다고 해도 핀테크 산업 자체의 특징과 구성 요소들에 대한 총체적인 이해가 없이는 금융의 미래로 급속히 발전해 가는 핀테크의 성장을 기대하기 어렵다. 전 세계적으로 빠르게 확장되어 가고 있는 글로벌 핀테크 시장에 뛰어들어 시장 점유를 위한 치열한 경쟁대열에 참여하기란 더더욱 어렵다.

아이러니하게도 핀테크의 등장은 현대 금융 서비스 산업의 부조리를 극명하게 드러낸 글로벌 금융위기 Global Financial Crisis 와 밀접한 관련을 갖는다. 뉴욕 New York 의 월스트리트 Wall Street 에서 시작되어 전 세계 금융시장을 강타한 2008년 글로벌 금융위기는 전 세계적으로 금융산업에 커다란 지각변동을 가져왔다. 영원히 글로벌 금융시장을 지배할 것만 같았던 거대한 금융회사들이 줄이어 파산하고, 어마어마한 규모의 구제 자금이 투입되는 가운데 금융산업에 대한 소비자들의 신뢰는 그야말로 바닥을 쳤다.

자본주의의 상징인 미국 뉴욕에서 '월 스트리트를 점령하라 Occupy Wall Street'는 구호 아래 길거리로 쏟아져 나온 무수한 인파들은 글로벌 금융위기를 통해 드러난 금융업계의 부도덕성과 극심한 소득 양극화에 대한 분노를 표출했다. 순식간에 이러한 움직임은 미국을 넘어 유럽, 아시아 등 세계 각지로 확산되면서 금융산업 전반에 대한 소비자들과 대중의 반감은 걷잡을 수 없는 불길처럼 번져 나갔다.

    금융산업에 대한 소비자들의 배신감은 무분별한 투자가 불러
온 재정 파탄의 실제적인 피해는 물론이고, 그동안 안전한 투자처
이자 경제의 견고한 성벽으로 여겼던 대형 금융기관들을 더 이상
과거와 같이 신뢰할 수 없다는 사실에서 비롯되었다. 이와 동시에
금융기관들의 부정행위를 감독해야 하는 의무를 소홀히 하고, 오
히려 이들의 사업적 편의를 봐 주거나 부당한 혜택을 주었던 감독
기관들에 대한 소비자들의 불만도 폭발적으로 증대되었다.

    글로벌 금융위기가 일어난 후 10여 년이 지난 지금, 급격한
위기의 소용돌이는 어느 정도 가라앉았지만, 그로 인한 글로벌

|그림 A-2| 런던증권거래소를 향하는 대규모 시위대

자료: Shutterstock
주: 미국 뉴욕에서 시작된 대규모 시위의 영향으로 영국 런던에서도 런던증권거래소를 점령하라는
    구호 아래 글로벌 금융산업에 대한 불만을 표출하기 위한 대규모 시위대가 모였다.

경기 침체의 여파는 여전히 풀리지 않는 숙제처럼 낮은 성장률
과 높은 실업률로 이어지고 있다. 한때 금융산업의 아이콘으로
여겨졌던 복잡한 구조와 이해하기 어려운 수식으로 둘러싸인 금
융상품들의 판매에 대한 규제가 급격히 강화되었고, 은행이 상
시 보유하고 있어야 하는 자본의 규모도 증가되면서 기업 및 소
비자들에 대한 금융기관의 대출 역시 까다로워졌다. 무엇보다
믿었던 금융기관들의 불법행위가 만천하에 드러나고, 그러한 과
정에서 감독의 역할을 위임받았던 정부기관들 역시 의무를 소홀
히 했다는 사실이 밝혀지면서 금융산업에 대한 소비자들의 불신
은 그 어느 때보다 고조되었다.

|그림 A-3| 글로벌 투자은행 리먼 브러더스 Lehman Brothers 파산

자료: Getty Images / 게티이미지코리아
주: 경매회사인 크리스티의 직원들이 파산한 리먼 브러더스Lehman Brothers의 회사 간판을
옮기고 있다(September 24, 2010).

금융위기는 곧 금융 서비스 산업 전체의 위기이기도 했다.

흥미로운 것은 이러한 금융산업에 대한 불신과 그에 따른
불가피한 금융시장의 구조조정이 "핀테크"라는 전혀 예상하지
못했던, 그러나 필연적인 성장동력의 급속한 성장이라는 의외의
결과를 가져왔다는 사실이다. 글로벌 금융위기로 인해 오랜 기
간 동안 막대한 자본력과 전통적 시스템으로 금융시장을 독점적
으로 지배해 왔던 소수의 금융기관들의 아성이 한꺼번에 무너지
면서 생겨난 그 틈새를 혁신적 아이디어와 고객 중심적 서비스
로 무장한 새로운 핀테크 기업들이 빠르게 장악해 나가고 있다.

거대한 위기가 예상치 못한 기회를 불러온 것이다.

핀테크, 에코시스템에 답이 있다

핀테크 FinTech 를 문자 그대로 풀이하면 "금융 Finance 과 기술 Technology 의 결합"이다. 그런데 실제로 우리 눈에 보이고 경험되는 핀테크 서비스는 금융과 기술의 결합 그 이상이다. 결론부터 말하자면 핀테크는 금융 서비스의 패러다임 변화이자 금융을 하는 방식의 획기적인 전환이다.

이미 핀테크는 세계 곳곳에서 과거에는 대형은행을 중심으로 계층화되었던 금융 서비스 시장의 경계를 허물어뜨리고, 고객의 만족도를 획기적으로 향상시키면서 새로운 금융 서비스의 패러다임을 만들어 내고 있다. 동시에 모바일 mobile 환경을 통해 신속하면서도 낮은 비용의 금융 서비스 제공을 가능하게 하면서, 저소득층 및 금융 소외 계층의 금융 서비스 이용률을 높이는 데 기여함으로써 사회경제적 환경의 변화도 이끌어 가고 있다. 어떠한 면에서 보더라도 핀테크는 정체에 빠졌던 글로벌 금융산업의 구조와 서비스 형태를 획기적으로 바꾸면서 이미 현실이 되고 있는 미래 금융의 청사진을 제시하고 있다고 볼 수밖에 없다.

이렇게 본질적으로 융합적이면서 혁신적 아이디어를 중심으로 작동하는 핀테크 산업이 제대로 성장하기 위해서는 하나의 에코시스템 ecosystem 안에서 핀테크 산업을 구성하는 각 요소 간의 유기적인 연계가 매우 중요하다. 자연 환경에서 생명체가 존재하고 성장하기 위해서는 생태계에서 각각의 요소들이 독립적으로 생존하는 것이 아니라 서로 유기적으로 경쟁하면서도 보완해 주는 순환적 시스템을 이루고 있는 것과 마찬가지이다. 이러한 생태환경에서는 핵심적 기능을 해주는 구성 요소들이 일부 결핍될 경우 다른 요소가 충분히 공급된다고 하더라도 전체적인 균형이 깨지게 되어 결과적으로 모두의 생존이 위협받게 된다. 한마디로 경쟁과 협력이 공존의 열쇠인 것이다.

실제로 생태계를 지칭하는 영어 표현인 '에코시스템 ecosystem' 이라는 개념은 1930년대 영국의 식물학자인 아서 탠슬리 Arthur Tansley 가 생물 유기체 조직들이 생존하기 위해서는 자연 환경 속에서 서로 경쟁하고 협력하면서 영향을 주고받는 과정을 통해 유연하게 외부적 변화에 적응하게 된다는 점을 설명하면서 처음 소개되었다.[3]

이러한 생물학적 개념을 미국 하버드 대학교 Harvard University 연구교수인 제임스 무어 James Moore 가 1933년 『하버드 비즈니스 리뷰 Harvard Business Review 』에 실린 '포식자와 피식자: 경쟁의 새로운 생태학 Predators and Prey: A New Ecology of Competition'이라는

제목의 논문에서 비즈니스 환경에 접목하면서 비즈니스 에코시스템 business ecosystem 이라는 용어를 소개했다. 주로 IT 분야에서 여러 기업들이 경쟁과 협력을 통해 함께 생존하고 발전해 가는 모습을 지칭한 것인데, 생물 환경과 마찬가지로 비즈니스 세계에서도 기업들은 각각 개별적인 기관으로서 독립적으로만 존재하는 것이 아니라 다양한 산업계 안에서 서로 긴밀히 영향을 주고받고 있다는 것이다.[4]

그렇다면 비즈니스 에코시스템은 구체적으로 어떤 요소들을 포함하고 있을까? 일반적으로, 비즈니스 에코시스템 business ecosystem 은 공급자 suppliers, 배포자 distributors, 소비자 customers, 경쟁자 competitors, 그리고 정부기관 government agencies 과 같이 상호 협력 또는 경쟁 관계를 통해 특정 상품이나 서비스의 제공을 가능하게 하는 주체들이 상호 연계되어 형성하고 있는 네트워크를 의미한다.[5] 생물 환경과 마찬가지로 실제 비즈니스 환경에서도 유기적으로 하나의 네트워크로 연결되어 있는 각 구성 주체들이 상황에 맞게 영향을 주고받으며 변화에 유연하게 적응해야만 결과적으로 모두 생존할 수 있는데, 특히 급속한 기술의 진보 및 세계화 현상같이 급변하는 환경에서 생존하고 함께 발전하기 위해서는 에코시스템을 구성하는 각 요소들 간의 상호관계에 대한 이해는 물론이고, 전체적인 네트워크를 효율적으로 운용할 수 있는 방안에 대한 인식이 매우 중요하다.

|그림 A-4| 비즈니스 에코시스템 구성 요소

자료: Partnering Resources; James Moore, Death of Competition, John Wiley & Sons, 1996
주: 비즈니스 에코시스템을 구성하는 요소들 간의 관계 모델

　물론 다른 모든 산업에도 각각의 독특한 에코시스템의 역할이 중요하지만, 본질적으로 기존에 존재하던 주요 산업들 간의 융합이자 금융 서비스업 자체의 패러다임 변화를 수반하는 핀테크 산업의 성장에 있어서 유기적이고 효과적인 에코시스템이야말로 절대 없어서는 안 되는 필수적 요소이다.

　그렇게 때문에 핀테크에 대해서 제대로 이해하자면 핀테크가 성장하고 활용되는 환경인 "핀테크 에코시스템"에 대한 이해가 이뤄지지 않으면 매우 곤란하다. 단편적인 기술이나 상품에 대해 논의해 보아야 핀테크 산업의 큰 그림이 나오지 않을 뿐 아니라, 어디서부터 어떤 방향으로 접근해야 할지 제대로 된 접근법을 찾기가 어렵다. 수년 전부터 선진국들은 너나 할 것 없이 저마다 핀테크를 혁신성장을 위한 동력으로 삼고 적극적으로 지원하고 있다. 핀테크를 통해 국가 경제적으로, 그리고 개개인 또는 기업이 어떻게 성장의 모멘텀 momentum 을 살릴 수 있을지 알아내기 위해서는 무엇보다 먼저 핀테크를 둘러싼 에코시스템에 대한 기본적인 이해가 이뤄져야 한다. 바로 거기서부터 시작해야 하는 것이다.

이미 글로벌 기업들과 선진국에서는 핀테크 에코시스템에 대한 논의가 활발하다(용어적 편의상 앞으로 이 책에서는 생태계라는 표현 대신 에코시스템을 사용하기로 한다). 단순히 어떻게 하면 핀테크를 활용해서 단기간에 더 많은 투자 수익을 거두고 더 많은 부를 창출할 수 있을까에 초점을 두는 것이 아니다. 보다 근본적으로 어떻게 해야 핀테크를 통해 지속가능하고 포용적인 경제 성장이라는 장기적 목표를 달성하기 위한 비즈니스 생태계를 구축하고 이를 효율적으로 운용할 수 있을 것인가를 둘러싸고 정부, 산업계, 학계 및 시민사회 간의 적극적 의견교류와 함께 필요한 제도적 개선이 빠른 속도로 이뤄지고 있는 것이다. 실제로 핀테크가 갖고 있는 잠재력을 극대화하고 더 많은 사람들에게 금융의 혜택을 줄 수 있는 포용적 성장의 촉진제로 활용하기 위해서는 핀테크 서비스를 개발하고 투자에 참여하는 기업들의 노력뿐만 아니라 금융

시장에서 규제 개선의 열쇠를 쥐고 있는 정부기관들의 적극적인 협조와 참여가 필수적이기 때문이다.

우리나라에서도 이제는 더 이상 암호화폐 사태 같은 불필요한 사건이 벌어지지 않도록 이제는 핀테크를 좀 더 총체적으로 이해하고 다뤄 보자. 여기에 기술의 가치중립성이 시사하는 바가 크다. 같은 씨앗이라도 어떤 토양에 떨어지느냐에 따라 열매의 질과 양이 달라진다.

———

**같은 씨앗이라도 어떤 토양에 떨어지느냐에 따라
열매의 질과 양이 달라진다**

———

핀테크도 그렇다. 같은 기술, 같은 상품이라고 해도 어떻게 접근하고, 투자하고, 소비하고, 그리고 관리하느냐에 따라 우리 경제에 가져올 수 있는 결과는 천차만별이다. 한두 기업, 한두 명의 관리자의 노력으론 턱없이 부족하다. 변화에 발맞추어 전문인력 양성에서부터 아이디어의 상품화, 투자, 그리고 감독 방식에 이르기까지 핀테크를 둘러싼 참여자들 모두가 손발이 착착 맞아 주어야 한다. 축구 경기에서와 같이 각각의 플레이어들

players 이 자기 자리에서 빠른 상황판단과 분별력으로 제 역할을 해주어야 한다.

핀테크 에코시스템에 대한 총체적 이해를 통해 핀테크 산업의 특징은 무엇이고 핀테크 산업이 성장하기 위해서 무엇이 요구되는 가를 이해하게 되면, 금융산업 나아가 경제 전반이 앞으로 도약하기 위해서는 어떻게 달라져야 하는지, 그 과정에서 우리 각자의 역할은 무엇인지를 한눈에 이해할 수 있게 된다. 미국, 영국 등 선진국에서 핀테크가 더 잘 발전하는 이유에 대한 해답도 여기에 있다. 자연히 우리나라가 핀테크 강국이 되기를 간절히 소원하면서도 점점 글로벌 핀테크 강국으로 가는 길이 멀어져만 가는 듯 보였던 원인이 무엇인지 역시 눈에 보일 것이다.

그런 의미에서 핀테크 에코시스템에 대한 이해는 핀테크 산업뿐만 아니라 미래지향적인 금융, 시장, 교육, 그리고 규제에 대한 큰 그림을 그리는 데 핵심적인 도움을 제공할 것이다. 동시에 어떻게 하면 핀테크를 잘 활용해서 성장의 혜택을 경제 전반에 골고루 나눠 줄 수 있을지에 대한 해답도 찾을 수 있을 것이다. 사실상 핀테크가 모두를 위한 더 나은 금융을 위한 것이 아니라면, 아무리 혁신적이고 놀랄 만한 변화를 가져온다고 한들 정작 나와 무슨 상관이 있단 말인가?

이제 핀테크를 둘러싸고 벌어지고 있는 세상의 변화를 제대로 이해하고, 한 걸음 더 나아가 이를 뛰어넘기를 원하는 공통의 목표를 갖고, 두근거리는 마음으로 함께 책장을 넘겨 보자.

P·A·R·T

1

핀테크,
기술인가
문화인가

1장

패러다임 전환,
아이디어가 세상을 지배한다

핀테크, 금융의 얼굴을 바꾸다

언제부터인가 우리 사회에서 핀테크가 금융시장뿐 아니라 사회 전반에 불러일으킨 충격의 여파가 서서히 사라지는 것처럼 느껴진다. 그런데 조금 더 깊이 생각해 보면 이러한 현상은 핀테크에 대한 관심, 즉 핀테크 열풍이 사라지고 있어서가 아니다. 오히려 그 반대이다. 글로벌 금융위기 이후 열풍처럼 등장한 핀테크가 더 이상 금융업계의 혁신적 사건이 아니라 이제는 금융의 핵심에 깊숙이 뿌리내리는 단계에 접어들었기 때문이다.[6] 글로벌 시장에서 더 이상 핀테크는 혁신의 상징에 그치지 않는다. 이제 핀테크의 핵심 요소가 빠진 금융은 설 자리가 없는 시점에 도달한 것이다. 기술의 발전 속도가 시대가 지날수록 기하급수적으로 증가한다는 것은 잘 알려진 사실이다. 그렇다 쳐도 핀테크의 발전은 놀라울 정도로 급속하다. 핀테크는 어떻게 이렇게 빠른 속도로 금융의 주류를 점령한 것일까?

첨단 IT 기술을 활용한 혁신적 금융의 상징으로 떠오른 핀테크는 기존에 익숙하던 금융 서비스를 보다 혁신적이고 소비자들의 입장에서 한층 편리한 방식으로 제공함으로써 전 세계 소비자들의 마음을 사로잡고 있다. 이제는 많은 사람들에게 익숙해진 모바일 뱅킹 앱 mobile banking apps 은 물론이고 가상화폐 virtual currencies, 전자결제수단 electronic payments, 클라우드펀딩 플랫폼 crowdfunding platforms 까지 모두 새로운 방식의 금융 서비스를 제공한다는 점에서 핀테크에 해당된다.7 핀테크 기술을 보험상품 개발 및 서비스에 결합한 인슈어테크 InsurTech 와 IT 기술을 규제관리 시스템에 접목한 레그테크 RegTech 역시 빠르게 성장하고 있는 핀테크의 범주에 속한다. 데이터 분석 data analysis 및 로보 어드바이저 robo-advisor 기술을 활용한 자산통합관리, 자산운용 및 주식투자 플랫폼 또한 핀테크의 주요 서비스 영역으로 자리잡고 있다.

그런데 주목할 것은 여기까지는 단지 현재까지 시장에 가시적으로 등장한 핀테크 서비스의 영역들일 뿐이라는 점이다. 모바일 기술 mobile technology 과 인공지능 artificial intelligence, 사이

버 보안 cyber security 등 첨단 기술의 발전과 함께 새로운 핀테크 서비스에 대한 개발과 연구가 지금도 계속 진행되고 있다는 점을 감안한다면 핀테크의 서비스 영역은 단지 현재 제공되고 있는 서비스 분야에 국한되지 않고 오늘도 계속 확장 중이라고 보아야 할 것이다.

핀테크가 무엇인지 제대로 알자면 기본적으로 금융과 기술에 대해 말하지 않을 수 없는데, 특히 모바일 환경을 중심으로 서비스 플랫폼 service platform 이 만들어지고 비대면 방식으로 거래가 이뤄진다는 점에서 정보처리 data processing 및 커뮤니케이션 communications 방식에 대해서도 언급하지 않을 수 없다. 그런데 이러한 모든 복잡한 구조와 달리, 최종적인 상품의 단계에서는 가장 단순하고도 효과적인 방식으로 소비자들에게 접근해야 한다는 점에서 디지털 네이티브 digital native 이자 전 세계적으로 가장 큰 소비자 집단으로 떠오르는 밀레니얼 세대 Millennials 의 문화적 코드와도 맞아야 한다. 이렇게 보자면 핀테크는 근본적으로 금융이지만 현실적으로는 기술인 셈이고, 궁극적으로는 문화로 이해해야 한다.

—

핀테크는 근본적으로 금융이지만, 현실적으로는 기술인 셈이고,

궁극적으로는 문화로 이해해야 한다

—

여기에 핀테크, 나아가 미래의 금융을 이해할 수 있는 핵심 요소가 있다. 지난 수년간 나타난 급속한 핀테크의 발전을 명확히 이해하고, 핀테크 기술을 통해 성공적인 금융상품을 만들거나 똑똑한 금융 소비자가 되고 싶다면, 혹은 현명한 규제 감독관이 되고 싶다면 이 사실에 주목할 필요가 있다.

바로 핀테크는 단순히 새로운 금융의 방식이나 수단이 아닌 새로운 문화의 출현이라는 사실이다.

밀레니얼 세대와 핀테크

일반적으로 밀레니얼 세대는 1980년 이후에서 2000년대 초반 사이 출생하여 21세기의 첫 세대를 구성하는 인구집단을 가리킨다.[8] 정의하기에 따라 구성 연령대가 조금씩 달라질 수 있지만 공통적인 특징으로 인터넷 및 디지털 기기의 성장과 함께 자라났고 인터넷이 없는 환경에서 생활한다는 것은 상상할 수 없는 디지털 네이티브 세대라는 점을 꼽는다.[9] 이들은 2018년 기준 전 세계 인구의 3분의 1을 차지하는 약 25억 명에 달하는 가장 큰 인구집단인데, 이들의 소비 패턴 consumption patterns 이 과거 세대들과는 확연히 다르기 때문에 기업들은 이들의 특성에 맞는 마케팅 전략을 마련하고 제공하는 서비스의 형태를 전환하기 위해 노력한다.[10]

밀레니얼 세대의 문화적 특징은 이전 세대인 X세대 Generation X (1965년에서 1980년 사이 출생한 인구집단)와 베이비 붐 세대 Baby Boomers(1945년에서 1964년 사이 출생한 인구집단)와 비교했을 때 확연한 차이를 보인다. 미국 조사기관인 퓨 리서치 센터 Pew Research Center 에 따르면 밀레니얼 세대의 92%(10명 중 9명)가 스마트폰을 갖고 있으며,[11] 85%가 친구나 가족, 지인들과의 커뮤니케이션을 위해 인스타그램(52%), 스냅 챗(47%) 등 새로운 소셜미디어 플랫폼을 사용한다.[12]

|표 1-1| 출생연도에 따른 세대 구분

출생연도	세대 구분	연령(2018년 기준)
1981–1996	밀레니얼 세대 Millennials	22–37세
1965–1980	X세대 Generation X	38–53세
1946–1964	베이비 붐 세대 Baby Boomers	54–72세
1928–1945	침묵의 세대 Silent Generation	73–90세

자료: Pew Research Center(2018)

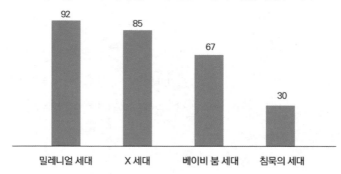

|그림 1-1| 세대별 스마트폰 보유자 비율 (단위: %)

자료: Pew Research Center(2018)

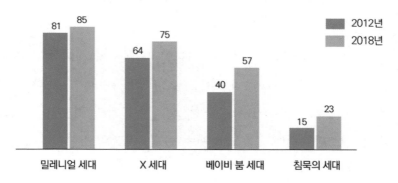

|그림 1-2| 세대별 소셜미디어 사용자 비율 (단위: %)

자료: Pew Research Center(2018)

밀레니얼 세대의 디지털 환경에 대한 태생적 선호는 자연히 이들의 소비패턴이나 사회적 커뮤니케이션 social communications 방식에도 매우 큰 영향을 미치는데, 이는 이들이 핀테크 서비스를 자연스럽게 받아들이고 손쉽게 활용한다는 사실과 밀접한 관련을 갖는다. 퓨 리서치 센터의 위 조사에서는 각 세대를 구분

할 때 그 당시 발생한 대형 사건을 기준으로 해당 세대의 독특한 사회경제적 특징을 분석한다. 밀레니얼 세대의 경우에는 시대적 변화 또는 사건으로 인터넷의 탄생 및 급속한 대중적 보급과 함께 성장했다는 점, 그리고 이들이 사회 초년생으로 경제활동을 막 시작한 지 얼마 지나지 않은 2007~2008년에 발생한 미국 월스트리트 Wall Street 발 글로벌 금융위기로 인한 장기적 경기침체 economic recession 에 직접적인 영향을 받았다는 점을 꼽는다.[13]

실제로 이러한 사회경제적 환경의 변화는 밀레니얼 세대의 금융방식에 직접적인 영향을 미치며 새로운 금융소비의 패턴을 보였다. 먼저 글로벌 금융위기의 원인이 된 대형 금융기관에 대한 뿌리 깊은 불신은 이들에 의해 제공되는 기존의 금융 서비스 대신 보다 낮은 비용으로 모바일 플랫폼 mobile platform 에서 대부분의 금융 서비스를 제공하는 핀테크 서비스를 더욱 선호하는 경향으로 나타났다.[14] 금융위기로 인해 실제적으로 경제활동에 막대한 영향을 받은 밀레니얼 세대에게 있어서 자신들이 직접 반대 시위에 참여하고 개혁을 촉구했던 기존 대형 금융기관들이 제공하는 금융 서비스와 상품의 투명성 transparency 에 대해 신뢰할 수 있는 근거는 사실상 매우 빈약하다. 이들에게 있어서 기존 대형 금융기관들은 여전히 더욱 획기적으로 개혁되고 개선되어야 하며, 일반 소비자들의 편익을 향상하기 위해 노력하기보다는 기관 자체의 이윤을 추구하기 위한 조직적 구조를 유지하고 있다는 인식이 더욱 강하다. 반면에 핀테크 기업들은 금융 중개 기능 financial intermediation 을 하는 데 있어 소요되던 비용을 새로운 비즈니스 모델 business model 을 통해 크게 절감하면서 소비자가 직접 부담해야 하는 서비스 이용 수수료 등 관련 비용을 확 낮추어 주었고, 비록 소액을 투자하더라도 대규모 투자자들과 동일한 서비스를 제공받을 수 있다는 점을 부각시키면서 새로운 고객층의 서비스 이용 경험과 만족도를 높이는 데 심혈을 기울이고 있는 것이다.

또한 전 세계적으로 장기적 경기침체를 겪으면서 높은 실업률의 직접적인 영향을 받은 밀레니얼 세대들은 소비와 투자에 있어서 보수적 성향을 갖게 되었는데, 특히 밀레니얼 세대에게 있어 서비스 이용 수수료와 같이 금융 서비스를 이용하는 데 드는 부가적 비용은 금융상품 및 서비스 형태의 선택에 있어서 중요한 결정 요인 중 하나로 작용한다. 실제로 개인투자 부문을 예로 들어 살펴보면 과거 비싼 서비스 이용 수수료를 주고 이용했던 투자 자문사를 대신해서 로보 어드바이저 robo-advisor 를 도입한 투자자문 서비스 분야의 핀테크 기업들은 개인 자문사의 오랜 경험과 직관 대신 첨단 데이터 분석기술에 대한 객관적 신뢰를 기반으로 한다는 점과 과거 투자자문을 받기위해 지불해야 했던 수수료의 단지 일부만을 지불하고도 동일한 형태의 서비스를 제공받을 수 있도록 함으로써 금융 소비자로서 밀레니얼 세대의 마음을 사로잡는 데 성공한 것이다.[15] 또한 개인에게 맞춤화된 편리한 서비스를 제공받기 위해서 이와 관련된 본인의 개인정보를 서비스 업체에 제공하는 것에 대해 다른 세대에 비해 상대적으로 더 관대한 밀레니얼 세대의 특징 역시 이들이 데이터 분석과 연계된 다양한 핀테크 서비스를 보다 쉽게 받아들이고 활용하도록 하는 요인으로 작용했다.[16]

　　금융 서비스의 인터페이스 interface 도 마찬가지이다. 모바일 뱅킹 mobile banking 이 기본적으로 비대면 방식으로 이루어진다는 점은 은행 지점 방문을 통한 대면 거래에 익숙한 기존 금융 고객들에게는 다소 생소하게 여겨질 수도 있다. 하지만 대인 관계에 있어서 소셜미디어 social media 를 통한 커뮤니케이션 방식에 익숙하고 쇼핑을 비롯한 일상생활의 거의 모든 부분을 디지털 채널 digital channels 을 통해 해결하는 밀레니얼 세대에게는 핀테크를 통해 제공되는 모바일 기반의 금융 서비스가 대부분 오프라인상에서 대면 방식으로 이뤄지는 기존의 금융 서비스에 비해 오히려 더 친숙할 뿐 아니라 한층 쉽게 접근하고 사용할 수 있는 기회를 제공해 주는 것이다. 이와 같은 밀레니얼 세대의 문화적 특징은 스타트업 startups 을 중심으로 대부분의 기술 및 서비스 개발자가 밀레니얼 세대이기도 한 핀테크 기업들에게 기존의 전통적 금융기관들에 비해 보다 유리한 비즈니스 환경을

|그림 1-3| 모바일 환경에 익숙한 밀레니얼 세대

자료: Shutterstock

제공했다. 거대한 금융 고객층인 밀레니얼 세대의 디지털 친화적 digital-friendly 인 문화적 특성과 보수적 소비 성향에 맞는 새로운 형태의 다양한 금융상품 및 서비스를 제공함으로써 독자적인 고객층을 확보할 수 있게 되었으며 이를 통해 금융의 새로운 문화를 주도해 갈 수 있는 기회를 잡게 된 것이다.

결과적으로 볼 때 전반적으로 최신 기술에 민감 tech-savvy 하고, 정보와 서비스의 자동화 automation 를 당연시하며, 다른 무엇보다 편리함 convenience 을 최우선시하는 이들의 문화적 특징은 이 모든 것을 동시에 포함하고 있는 핀테크 서비스가 제공하는 가치와 정확히 맞아떨어지는 것이다.[17]

그러나 이제 이러한 변화는 더 이상 밀레니얼 세대에만 국한되지 않는다. 밀레니얼 세대의 등장으로 인한 디지털 문화의 급속한 확산을 타고 최근 수년간 X세대 및 베이비 붐 세대의 디지털 플랫폼 digital platform 사용률 역시 빠른 속도로 증가해 왔다. 아직까지 밀레니얼 세대의 디지털 서비스 및 핀테크 활용 수준에는 미치지 못하지만 현재 많은 자산을 보유하고 있는 세대인 이들 역시 변화하는 금융환경에 적응하고 보다 효과적으로 자산을 관리하기 위한 방안으로 새로운 핀테크 서비스에 눈을 돌리고 있는 것이다.

실제로 퓨 리서치 센터 Pew Research Center 가 2018년 1월에 설문조사한 결과에 의하면 페이스북 Facebook 을 이용한다고 응답한 X세대의 비율이 2012년에서 2018년 사이 9% 증가했으며, 베이비 붐 세대의 페이스북 사용률도 동일한 기간 동안 빠르게 증가한 것을 볼 수 있다.

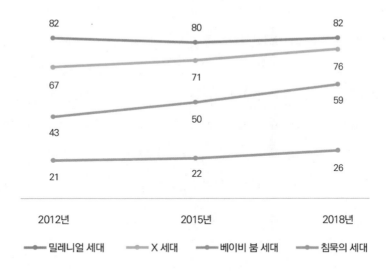

|그림 1-4| 세대별 페이스북을 이용한다고 응답한 비율 (단위: %)

82   80   82

76

67   71

59

43   50

21   22   26

2012년   2015년   2018년

━●━ 밀레니얼 세대 ━●━ X 세대 ━●━ 베이비 붐 세대 ━●━ 침묵의 세대

자료: Pew Research Center(2018)

특히 베이비 붐 세대는 경제적인 측면에서 현재 가장 구매력이 높은 고객 층이라는 점에서 볼 때, 장기적으로는 비단 초기 수용자 early adaptor 로서 첨단 기술에 익숙한 밀레니얼 세대뿐만 아니라 보다 넓은 세대 층을 아우를 수 있는 편리하고 효율적인 디지털 기반 서비스의 개발과 제공이 필요하다.[18] 그래서 핀테크를 하나의 정형화된 서비스 형태나 상품이 아니라 새로운 금융 서비스의 개념 또는 가치를 중심으로 이해하는 것이 중요한 것이다.

이와 같이 전 세대에 걸친 디지털 문화의 보편화 현상은 금융

|그림 1-5| 모든 세대를 위한 핀테크 서비스 필요[19]

자료: Shutterstock

생활에 있어서도 소비자들이 최신 기술의 활용을 통해 간편하고
편리하면서도 저렴한 비용으로 금융 서비스를 이용하길 원한다는
사실을 은행을 비롯한 기존 금융기관들이 결코 간과할 수 없게
만들었다. 더욱이 이러한 문화적 변화가 일시적인 현상이 아닌 보
편적 현상이 되었다는 점이 분명한 이상 금융 소비자들의 선호를
이해하고 이에 부응하기 위해 변화하지 않고는 더 이상 고객들의
선택을 받을 수 없다는 사실은 너무도 자명하다. 핀테크가 금융
서비스의 방식과 형태에 대한 새로운 기준을 제시한 것이다.

　이러한 핀테크의 금융시장 점령 과정은 사회경제적으로 중
요한 의미를 가진다. 사실상 과거에도 금융기관들은 고객을 유

치하기 위해 다양한 상품을 출시하고 프로모션을 위해 노력하긴 했다. 그럼에도 불구하고 본질적으로 금융 서비스는 자본을 보유하고 있는 금융기관들을 중심으로 서비스의 제공과 계약 조건이 이뤄진 것이 사실이다. 더욱이 수십 년 또는 수백 년에 걸쳐서 서서히 금융시장이 발달해 온 국가들과는 달리 우리나라와 같이 단기간의 경제개발 연대를 지나온 국가들의 경우에는 금융이 정부의 경제 정책과 이념을 실현하는 도구이자 무기로 사용되는 경우도 흔하다. 핀테크는 이러한 금융의 패러다임을 자본과 상품을 보유하고 있는 공급자인 대형 금융기관 중심에서 본질적으로 새로운 수요를 창출해 가고 있는 고객 중심으로 확연히 바꾸어 버린 것이다.

디지털 기술의 발전으로 기존의 비즈니스 및 서비스 영역 간의 경계가 점차 허물어지면서 과거 대기업을 중심으로 구조화되었던 비즈니스 에코시스템 business ecosystem 도 점차 고객을 중심에 두고 다양한 서비스 제공자들이 고객이 요구하는 새로운 가치를 만들어 내기 위해 유기적으로 네트워크 network 를 형성하는 방향으로 변해 가고 있다.[20]

비즈니스적 사고의 중심이 시장의 지배적인 서비스 제공자 또는 상품이 아니라 고객이 추구하는 새로운 가치와 수요로 이동하고 있는 것이다. 여기에 인공지능 Artificial Intelligence, 사물인터넷 Internet of Things(IoT), 블록체인 Blockchain 등 첨단 정보통신

기술의 발전과 활용은 이러한 새로운 차원의 요구를 현실화할 수 있는 실제적인 도구를 제공하고 있다.

앞서 언급한 바와 같이 디지털 기술의 발전과 함께 스마트 폰 smartphones 의 급속한 보급은 자본의 규모에서는 비교되지 않지만 창의적 아이디어와 기술을 보유한 핀테크 스타트업에게 보다 쉽고 저렴한 금융 서비스를 이용하고자 하는 고객의 요구를 만족시켜 줌으로써 급속히 금융 서비스 시장에 진출할 수 있는 획기적인 환경을 마련해 주었다. 그런 의미에서 핀테크 산업의 발전은 똑똑한 누군가의 계획에 의해 혹은 거대한 자본가의 투자 결정에 의해 좌우되는 기존 금융산업의 성격과는 확실히 다르다. 누가 더 먼저 고객의 필요를 파악하고, 상상으로만 존재하던 그 요구를 획기적인 아이디어로 현실화하여 상품으로 만들어 제공하는가에 따라 결정되는 것이다.

흥미로운 것은 핀테크의 등장에 따른 패러다임 paradigm 의 변화 요구를 금융회사들만 받고 있는 것은 아니라는 사실이다. 사실상 핀테크 산업의 등장과 급속한 성장은 각 경제권의 정책 기관, 특히 금융 규제기관들의 역량을 평가하는 시험대를 제시 했다고 해도 과언이 아니다. 핀테크의 성장과 에코시스템의 형성에 있어서 금융 규제기관의 역할이 매우 중요한데, 이들이 얼마나 효과적으로 핀테크의 성장을 둘러싼 변화를 이해하고 건강한 에코시스템을 구축하기 위해 필요한 역할을 효율적으로 수행하느냐에 따른 결과가 가시적으로 나타나는 데 그리 긴 시간이 걸리지 않기 때문이다.

과거의 경제성장은 선진국과 개발도상국 간의 자본과 경제발전 수준의 차이가 극명한 상태에서 각기 이루어졌고 자연히 그에 따른 발전의 단계도 상이할 수밖에 없었다. 그런데 핀테크는 경제성장과 개발에 대한 기존의 통념을 완전히 뒤엎어 버렸다. 금융과 IT 기술을 핵심으로 하는 핀테크는 여전히 선진국들이 보유하고 있는 기술과 자본에 큰 영향을 받지만 그렇다고 그러한 요소가 모두 갖춰진 선진국에서만 핀테크 시장이 빠르게 성장하고 있는 것은 아니기 때문이다. 최근 수년간 중국, 인도, 브라질 등과 같은 개발도상국에서 핀테크 산업이 오히려 더 빠른 속도로 성장하고 있으며, 특히 금융소외계층에게 모바일을 통한 보다 쉽고 간편한 금융 서비스를 제공하면서 사회경제적 변화에 미치는 영향도 매우 크게 나타난다.

결과적으로 미래 금융의 청사진을 제시하고 있는 핀테크는 선진국과 신흥국 모두에게 각자의 강점을 활용하여 최대한의 부가가치를 창출해 낼 수 있는 새로운 기회의 장을 제공하고 있는 것이다. 사실상 핀테크 성장을 위한 국가들 간의 경쟁이 치열하게 벌어지고 있는 이유도 바로 이러한 무한한 가능성 때문일 것이다.

이렇게 볼 때 핀테크가 불러온 변화는 단순히 새로운 기술이나 금융상품이 아니라는 점은 분명하다. 금융 서비스에 참여하고 관여하는 우리 모두에게 금융 그리고 금융 서비스의 개념과 가치에 대해 다시 생각해 볼 것을 요구하고 있는 것은 아닐까?

2장
일상의 핀테크, 금융이 친절해졌다

핀테크, 어디까지 왔나

스마트폰 시장이 기본적으로 글로벌 시장을 대상으로 하는 것과 마찬가지로 모바일을 기반으로 하는 핀테크 산업 역시 애초에 국내 시장에만 국한될 것이 아니라 글로벌 시장을 비즈니스의 대상으로 생각할 필요가 있다. 전 세계의 소비자를 상대로 상품과 서비스를 개발하고 도전할 필요가 있다.

그렇다면 전 세계적으로 얼마나 많은 사람들이 금융 생활에 있어서 핀테크 서비스를 사용하고 있으며, 이런 변화는 얼마나 빠른 속도로 이뤄지고 있는 것일까?

글로벌 핀테크 산업은 이미 2017년에 초기 수용단계 tipping point 를 넘어 대규모 수용단계 mass adoption 에 접어들었다.21 과거에 일부 젊고 발 빠른 금융 소비자들이 새로운 금융 서비스 개념으로서 핀테크를 인식하고 시험적으로 사용해 보던 단계를 벗어나 일반인들도 자연스럽게 핀테크 서비스를 활용하는 수준에 도달했을 뿐 아니라 이제는 핀테크에 대해 모르는 사람이 없을 정도로 핀테크를 통한 다양한 금융 서비스가 보편화되고 있다. 글로벌 컨설팅 회사인 Ernst & Young(EY) 은 전 세계 약 27개의 시장에서 27,000명 이상의 소비자들을 대상으로 한 온라인 설문 및 조사22를 바탕으로 글로벌 핀테크 활용도 Fintech Adoption Index 를 발표했는데, 이에 따르면 디지털 기기를 이용하는 소비자들의 평균 핀테크 활용률은 64%로 나타났다. 2015년과 2017년에 시행한 동일한 설문조사에서 평균 핀테크 활용률이 각각 16%와 33%였던 데 비하면 짧은 기간 동안 매우 큰 폭으로 증가했음을 알 수 있다.23

조사 대상 중 96%의 글로벌 소비자들이 최소한 1개 이상의 핀테크 서비스에 대해 알고 있다고 응답했으며, 평균적으로 4명 중 3명이 송금 및 결제를 위한 핀테크 서비스를 사용하고 있다고 응답했다. 또한 평균 2명 중 1명이 핀테크 기술을 활용한 보험 서비스를 의미하는 인슈어테크 InsurTech 서비스를 이용하고 있는 것으로 나타났다. 과거 핀테크 초기 발전 단계에서 혁신적 기술을 중심으로 하는 핀테크의 특성 때문에 일반적으로 익숙한 것을 선호하는 대부분의 소비자들이 쉽게 새로운 서비스에 접근하거나 사용하기 어려울 것이라고 예측했던 것과는 달리, 이미 많은 소비자들이 빠르게 보편화되고 있는 모바일 mobile 및 클라우드 cloud 환경을 통해 의외로 손쉽게 핀테크 서비스를 사용하고 있음을 알 수 있다.

|그림 2-1| 글로벌 평균 핀테크 활용률 변화

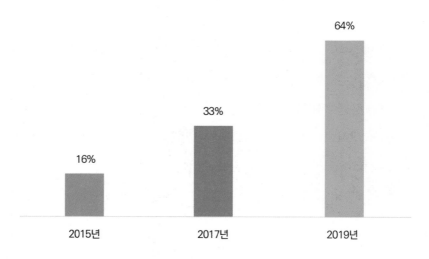

자료: EY(2019)

특히 국가별로 핀테크 활용률을 살펴보면 신흥국에서의 핀테크 활용률이 오히려 선진국에 비해 매우 높게 나타난다. 이러한 현상은 기존의 은행 시스템하에서 금융 서비스에 접근하기 어려웠던 저소득층 소비자들이 모바일 기반의 핀테크 서비스를 통해 금융 서비스를 보다 쉽게 활용할 수 있게 되었기 때문이다. 그러한 측면에서 핀테크의 빠른 성장은 금융포용 financial inclusion 의 확산에 의미하는 바가 크다.

'금융포용 financial inclusion'이라는 개념은 2008년 글로벌 금융위기가 발생한 이후 소득 양극화 문제가 심각한 사회경제적 이슈로 제기되면서 크게 부각되었다. 금융시장 정책에 있어서 저소득 계층이 본질적으로 양질의 보다 나은 금융 서비스에 접근할 수 있는 기회를 제공하는 것이 경제적 빈곤 문제를 해결하고 경제적으로 자립할 수 있도록 돕는 데 매우 중요한 역할을 한다는 점이 강조된 것이다. 이러한 측면에서 핀테크는 기존 금융 서비스의 높은 진입 장벽을 허물고, 낮은 비용으로 편리하게 금융 서비스를 이용할 수 있다는 점을 경쟁력으로 한다는 점에서 금융의 접근성 accessibility 문제를 자연스럽게 해소할 수 있는 가능성을 제시했다. 특히 중국이나 인도와 같이 빈부격차에 따른 금융 서비스에 대한 접근성 격차가 심각한 문제였던 국가들에서 최근 수년 간 스마트폰 사용자의 급격한 증가와 IT 인프라 구축에 따른 모바일 환경의 급속한 확산은 핀테크 서비스의 빠른 성장과 맞물리면서 결과적으로 오랜 기간 양질의 금융 서비스의 혜택을 누리지 못했던 다수의 인구들에게 금융 서비스를 빠른 속도로 보급하는 데 결정적인 역할을 하고 있다.

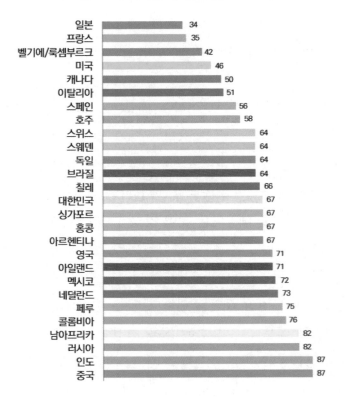

|그림 2-2| 국가별 핀테크 활용률 비교 (단위: %)

일본	34
프랑스	35
벨기에/룩셈부르크	42
미국	46
캐나다	50
이탈리아	51
스페인	56
호주	58
스위스	64
스웨덴	64
독일	64
브라질	64
칠레	66
대한민국	67
싱가포르	67
홍콩	67
아르헨티나	67
영국	71
아일랜드	71
멕시코	72
네덜란드	73
페루	75
콜롬비아	76
남아프리카	82
러시아	82
인도	87
중국	87

자료: EY Fintech Adoption Index(2019)

소비자들의 핀테크 활용 정도를 세부 서비스 영역별로 살펴보면 송금 및 결제 money transfer and payment 가 가장 큰 비중을 차지하고 있으며, 예금 및 투자 savings and investment, 보험 insurance 등이 주요 핀테크 서비스 영역으로 빠르게 성장하고 있음을 알 수 있다.

다음 그림(그림 2-3)은 2015년, 2017년 그리고 2019년에 이뤄진 각각의 설문조사에서 응답자들이 현재 본인이 사용하고 있다고 응답한 핀테크 서비스 영역의 비율을 비교해서 보여 주고 있다.

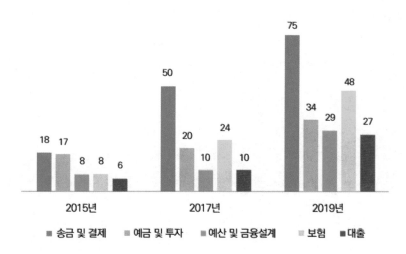

|그림 2-3| 핀테크 서비스 영역별 사용비율 변화 (단위: %)

■ 송금 및 결제　■ 예금 및 투자　■ 예산 및 금융설계　■ 보험　■ 대출

자료: EY FinTech Adoption Index(2019)
주: 수치는 한 개 이상의 핀테크 서비스를 이용하고 있다고 대답한 응답자들의 평균 비율임.

특히 눈여겨볼 부분은 보험 분야에서 핀테크 서비스를 이용하고 있다고 대답한 응답자의 비율이 2015년 8%에서 2017년 24%로 증가한 데 이어 2019년에는 48%로 매우 큰 폭으로 증가한 점이다. 이는 인슈어테크 InsurTech 로 불리는 핀테크 기술과 보험산업과의 결합이 가속화되고 있는 데 따른 결과이다. 새롭게 등장한 인슈어테크 서비스를 통해 고객들의 입장에서는 각각의 보험사들이 제공하는 혜택에 대한 비교가 더욱 쉬워진 것은 물론이고 웨어러블 디바이스 wearable devices를 활용한 헬스케어 healthcare 분석 기술이 보험 산업과 결합되면서 개개인에게 한층 맞춤화된 보험 상품 및 서비스가 점차 늘어나고 있기 때문이다. 보험 서비스에 핀테크 기술이 결합되면서 복잡한 가입 약관은 물론이고 사후 보상금 청구에 소요되는 복잡한 절차와 오랜 시간 때문에 소비자들의 신뢰가 점차 하락하고 있던 보험산업이 한 차원 업그레이드된 고객맞춤형 서비스로 변신할 수 있는 새로운 기회를 맞이한 것이다.

그렇다면 과연 무엇이 소비자들이 이렇게 빠른 속도로 핀테크에 적응하게 만들었을까? 그에 대한 대답은 핀테크 기업들의 비즈니스 방식을 살펴보면 좀 더 분명해진다.

핀테크, 무엇이 고객을 사로잡았나

핀테크의 가장 큰 강점은 금융 서비스를 보다 고객친화적 customer-friendly 으로 바꾸었다는 데 있다. 전통적으로 보수적이고 독점적 특성을 유지해 온 금융 서비스를 스마트폰 하나로 원하는 시간에 이용할 수 있을 뿐 아니라 밀레니얼 세대에게는 특히나 친숙한 모바일 환경에서 낮은 수수료로 원하는 서비스를 비교해서 쓸 수 있는 기회를 제공해 주고 있다는 점에서 핀테크는 딱딱하고 어렵던 금융을 한층 부드럽고 쉽게 만들었다. 여기에 기존에 이용하고 있던 온라인 쇼핑몰이나 소셜 네트워크 서비스 Social Network Services(SNS) 와 연동된 금융상품들이 제공되면서 한층 개인의 생활 패턴과 취향에 맞춤화된 금융 서비스의 이용이 가능해지고 있다. 도전적인 핀테크 기업들은 금융을 단순히 돈을 거래하는 무미건조한 작업에서 생활에 밀착된 일상의 즐거운 경험으로 탈바꿈하기 위해 끊임없이 새로운 서비스를 개발해가고 있는 것이다.

사실상 2008년 금융위기가 글로벌 금융시장을 뒤흔든 이후 금융시장의 잘못된 관행을 개선하고 서비스의 효율성을 향상하기 위해 수많은 새로운 규제가 생겨나고 다양한 기업 내부의 조치들이 취해졌지만, 실제로 고객들이 금융 서비스를 이용할 때 마주하는 상황은 크게 달라진 것이 없었다. 기본적인 은행 업무나 금융 서비스의 형태는 별반 달라지지 않았고, 고객이 부담해야 하는 비용 역시 달라지지 않았다. 대형 금융회사들의 무분별한 투자결정과 방만한 운영으로 큰 손실을 보고 경제에 큰 타격을 입었지만, 그에 대한 무수한 정치적 수사 rhetoric 와 언론, 학계, 시민사회의 강력한 비판에도 불구하고 실제 소비자들이 마주하는 금융 환경은 여전히 예전의 방식 그대로 남아 있었던 것이다.

이러한 상황에서 핀테크는 단지 새로운 기술이 아닌 새로운 금융의 방식, 즉 문화로 고객의 마음을 사로잡았다.

핀테크 기업들의 성공 요인은 투자 investment, 예금 및 송금 deposit and money transfer, 환전 currency exchange, 자산관리 wealth management 등 다양한 핀테크 서비스 제공 분야와 형태만큼 다양하다. 하지만 공통적인 성공 요인으로 고객들에게 개인의 성향에 맞춤화된 금융 서비스를 최대한 간단하고, 투명하고, 편리한 방식으로 사용할 수 있도록 제공한다는 점을 들 수 있다. 금융상품 및 서비스의 디자인에서부터 편리한 사용 방법, 낮은 수수료, 24시간 가능한 서비스 제공 등을 통해 간단한 은행 업무부터 결제, 보험, 투자 그리고 자산관리까지 금융 서비스의 전 영역에 걸쳐 소비자가 과거보다 훨씬 편리하면서도 자기 주도적으로 자산을 관리하고 금융 서비스를 이용할 수 있는 환경을 제공해 준 것이다. 이러한 서비스 방식의 혁신적 변화는 기존 금융 서비스에 불신과 회의를 느낀 고객들의 요구를 획기적으로 만족시켜 주었다.

|표 2-1| 핀테크 서비스의 분야별 경쟁력 요소

	1위	2위	3위
지급결제	사용자 편의성 및 직관적 상품 디자인	빠른 서비스	24/7 서비스 제공
은행업무	사용자 편의성 및 직관적 상품 디자인	24/7 서비스 제공	빠른 서비스
보험	사용자 편의성 및 직관적 상품 디자인	우월한 고객 서비스	24/7 서비스 제공
자산관리	사용자 편의성 및 직관적 상품 디자인	낮은 비용	24/7 서비스 제공

자료: PwC Global FinTech Report(2017)
주: 핀테크 서비스 경쟁력에 있어서 고객들이 가장 중요하게 생각하는 요소는 무엇이라고 생각하는지에 대한 설문의 응답을 분석한 결과임.

무엇보다 성공적인 핀테크 기업들은 금융 서비스 상품을 개인 생활에 더욱 밀접한 형태로 제공하면서, 점차 기존의 상품 중심 서비스 체계의 경계를 허물고 개인에게 맞춤화된 쉽고 편리한 금융방식을 제공하고 있다. 간단한 예금 조회부터 보험상품 비교 및 자산관리까지 기존에 제공되던 금융 서비스를 모바일과 인터넷 환경을 통해 더욱 신속하고 효율적으로 사용할 수 있도록 새로운 서비스 환경을 제공함으로써 빠른 속도로 시장을 장악해 나가고 있다. 개인의 소비 또는 저축 등 금융 생활에 관한 패턴에 대한 분석을 바탕으로 개인의 필요에 최적화된 맞춤형 서비스 및 상품을 제시한다는 점에서 거대 자본 중심의 기존 금융 서비스 시장에서 소외감을 느끼던 많은 일반 소비자들이 느끼는 서비스에 대한 만족도를 획기적으로 향상시킬 수 있었던 것이다.

이러한 고객 중심의 효율화된 서비스 제공 방식은 비교적 단기간에 금융 서비스 전반에 대한 소비자들의 기대치와 요구를 완전히 바꾸어 버렸다. 단순한 은행 업무뿐 아니라 자산관리, 보험, 투자 자문 등과 같이 금융의 모든 영역에서 금융기관들은 소비자들이 과거보다 훨씬 낮은 비용을 지불하면서도 더욱 편리하고 간편한 방식으로 서비스를 이용할 수 있도록 상품과 서비스 제공의 패러다임을 전환할 것을 요구 받고 있는 것이다. 사실상 소비자의 입장에서 본다면 더 간편하고 값싼 금융의 방식이 존재한다는 것이 분명해진 이상 이러한 서비스를 요구하지 않을 이유가 없다. 이런 측면에서 본다면 핀테크는 단순히 새로운 기술을 의미하는 것이 아니라 금융 서비스의 제공 및 소비 방식의 변화이자 본질적으로는 금융 서비스 산업의 패러다임 변화라고 보아야 할 것이다.

**핀테크는 금융 서비스 제공 방식의 변화이자 본질적으로는
금융 서비스 산업의 패러다임 변화이다**

이러한 변화는 단지 새로운 핀테크 스타트업의 등장에만 국한되어 나타나고 있는 것은 아니다. 핀테크가 가져온 변화의 거대한 흐름이 불가역적이라는 점에 주목한 대형 금융사들이 일부

상품이나 서비스 제공 방식의 효율성을 향상시키는 것을 넘어서, 경쟁력과 고객 경험을 극대화할 수 있는 방향으로 비즈니스 모델 자체를 변화시키고 있는 것이다.

실제로 핀테크의 성공적 혁신가들은 금융위기를 불러일으킨 금융시장의 구조적 허점의 정곡을 찔렀다. "금융 서비스"라는 단어에서 그동안 강조되어 온 "금융"은 뼈대만 남기고, "서비스"의 무궁무진한 잠재력을 시장으로 끌어내는 데 성공한 것이다. 기본적으로 핀테크의 경쟁력은 더 서비스 지향적이고 더 친절한 금융을 가능하게 한다는 데 있다. 바쁜 일상에서 일부러 시간을 내 은행에 가는 것이 번거롭고, 비싼 중개수수료로 인해 마음이 늘 불편하던 고객들이 핀테크를 통해 이전보다 빠르고 쉬우면서도 낮은 비용으로 같은 일을 처리할 수 있도록 만들어 준 것이다. 대형 은행들이 지배하던 금융산업계에 핀테크를 통한 대체적인 금융수단이 등장하면서, 공룡 같던 거대 은행들도 더 이상 자본력을 빌미로 고객의 편의를 외면하기 어렵게 됐다. 이제 변하거나 사라지거나 선택은 하나뿐이다.

흥미로운 것은 이러한 변화가 금융업계 내부에서만 일어난 것이 아니라는 점이다. 바로 혁신적 아이디어가 발생시키는 부가가치가 확연히 달라졌다. 자연히 혁신을 대하는 우리들의 자세도 달라졌거나, 이제는 달라지지 않을 수 없게 되었다. 과거에도 현재도 창의적이고 사업적 수완이 뛰어난 기업가들이 스포트라이트를 받으며 글로벌 경제의 무대를 장식했지만 이제는 혁신적 아이디어 자체가 금융산업뿐 아니라 이와 연결된 파생산업들(보안, 정보 분석 등)에 가져오는 파급 효과가 과거 어느 때와 비교할 수 없이 커졌다. 무엇보다도 이제는 많은 것들이 그 아이디어를 중심으로 움직인다.

여기에 핀테크의 잠재력이 있다. 만약 당신이 아직 시장에 나와있지 않지만 반드시 금융 소비자들에게 필요할 것이라고 확신하는 어떤 기술이나 플랫폼에 대한 아이디어가 있다면 얼마든지 핀테크 세계의 새로운 개척자로 등판할 수 있다. 물론 다른 산업들과 마찬가지로 핀테크 산업 역시 아이디어를 상품화하기 위해서는 자본도 필요하고 적절한 규모의 시장도 형성되어 있어야 하지만 핀테크의 핵심 경쟁력은 기술이나 자본 그 자체가 아니다. 누가 먼저 남들이 생각하지 못한 틈새를 발견하고, 고객이 느끼고 있거나 미처 느끼지 못했던 불편함을 해소할 수 있는 참신한 방법을 제안하느냐가 성패를 가르는 핵심인 것이다.

그런 의미에서 핀테크의 급격한 발전은 전에 없던 기술이 갑자기 등장해서이기보다는 기술과 수요가 정확한 시점에 만나 스파크를 일으켰다는 표현이 더 정확할 것이다. 물론 인공지능이나 블록체인 같은 새로운 기술의 등장이 금융 서비스의 형태와 방식을 변화시키는 데 큰 영향을 미치고 있지만, 이토록 빠른 핀테크 성장의 원인이 특정 기술 자체에 있는 것은 결코 아니다. 사실상 과거에도 금융과 관련된 새로운 기술은 존재해 왔다. 간단한 예로 우리가 흔히 사용하고 있는 현금인출기 ATM Automated Teller Machine 만 해도 기술과 금융의 접목이 아닌가? 그런데 금융위기 이후 새로운 금융 서비스에 대한 소비자의 요구가 폭발적으로 증가하면서 빠른 속도로 거대한 대체적 금융시장이 형성되었다. 여기에 발 빠른 핀테크 스타트업들이 금융 서비스의 비용을 확 낮추고 고객의 편의를 한층 높인 금융 서비스를 제공하면서 이제는 금융 서비스업의 패러다임 자체가 변화하고 있는 것이다.

무엇보다 흥미로운 것은 시장의 주요 플레이어 players 가 바뀌는 수준이 아니라 시장의 형태와 서비스의 제공 방식 자체가 바뀌고 있다는 점이다. 자본과 기술을 뛰어넘어 아이디어가 지배하는 세상이 그 어느 때보다 우리에게 가까이 다가온 것이다.

그렇다면 지금 우리는 무엇을 준비해야 하며, 우리가 직면한 도전에 대해 각자의 자리에서 어떻게 대처해야 할까?

3장
핀테크, 누구를 위해 존재하나

금융포용과 디지털 문맹

앞서 살펴본 바와 같이 핀테크가 이제는 거부할 수 없는 변화라는 사실이 분명하지만, 핀테크가 성장하기 위해서는 어떤 방법을 사용해야 하는지, 앞으로 가장 유망한 분야는 무엇인지를 생각하고 논의하기 전에 반드시 한 가지 분명히 짚고 넘어가야 할 것이 있다. 바로 과연 핀테크가 금융업계를 넘어 우리 사회에 어떤 변화와 새로운 가치를 가져올 수 있는가에 대한 질문이다. 물론 여기에 관한 논의가 지금까지 전혀 없었던 것은 아니지만, 새롭고 혁신적인 것은 무조건 좋을 것이라는 막연한 기대도, 변화가 수반하는 부작용에 대한 지나친 경계심도 실제적인 발전에는 전혀 도움이 되지 않는다는 사실에 주목할 필요가 있다. 현실적인 관점에서 실제 우리 생활에 핀테크가 어떤 긍정적인 변화를 가져올 수 있는지에 대한 점검과 그에 대한 사회적 합의가 먼저 이뤄져야 한다. 그래야 얼마나 많은 자원과 시간을 투자할 것이며, 앞으로 어떤 방향과 관점으로 기술 또는 서비스를 개발하고 이에 대한 지원을 해야 하는지에 대한 공감대가 형성될 수 있기 때문이다. 이러한 공감대는 시장을 개척하고 확장해야 하는 기업의 입장에서도, 공공재원을 활용하여 새로운 산업의 육성을 지원하고 동시에 감독해야 하는 책임이 있는 정부기관의 입장에서도, 그리고 이러한 새로운 서비스의 수혜자이자 수요의 주체인 소비자의 입장에서도 동일하게 중요한 의미를 갖는다.

핀테크의 잠재력과 강점 중 가장 주목해야 할 부분은 다양한 방식으로 금융의 문턱을 낮춤으로써 저소득층과 저신용 사업자들이 보다 쉽게 양질의 금융 서비스에 접근할 수 있도록 하는 금융포용 financial inclusion 의 기능이다. 전 세계적으로 금융 서비스 시장에서 지난 수년 간 핀테크의 부상은 기존에는 금융 인프라 financial infrastructure 의 부족 또는 비싼 이용 수수료 때문에 일반적인 금융 서비스를 사용하지 못했던 금융 소외 계층에게 모바일 플랫폼 mobile platform 등 IT 기술을 활용하여 금융 서비스에 대한 접근성을 높여 주는 긍정적인 결과를 가져왔다. 또한 기존 금융시스템상에서의 신용 기록 부족 등으로 낮은 금리의 대출을 이용할 수 없었던 개인이나 사업자들에게 대체적인 자금 조달 방식을 제공함으로써 금융시장에 새로운 돌파구를 만들어 내고 있다.

기술환경적 측면에서 볼 때 스마트폰 smartphones 으로 대표되는 모바일 기술의 발전과 글로벌 경제 전반에서의 광범위한 디지털화 digitalization 의 확산은 모바일 플랫폼을 기반으로 하는 핀테크 산업의 성장에 필요한 비옥한 토양을 제공해 주었다. 과거의 금융은 기본적으로 지점을 방문하는 대면방식을 중심으로 일부분 전화(텔레뱅킹 telephone banking) 또는 온라인(인터넷뱅킹 internet banking)상에서의 거래가 이루어졌다. 반면 모바일 환경의 전 세계적인 확산은 스마트폰을 통한 금융 거래를 손쉽게 만들어 주었는데, 핀테크는 이러한 환경의 변화를 발판으로 삼아 입금 및 출금과 같은 기본적인 금융거래 뿐 아니라 해외송금, 대출, 자산관리 등 금융의 거의 모든 영역에서 보다 편리하고 효율적인 서비스를 제공할 수 있게 된 것이다. 세계은행 The World Bank Group 이 국가별 디지털 활용도를 조사한 결과에 의하면 2016년 기준 전 세계 인구의 40%가 인터넷을 사용하고 있으며, 하위 20%의 빈곤층 가정 중 평균적으로 10가정 중 7가정은 휴대전화 mobile phones 를 사용하고 있다.24 이렇게 높은 수준의 모바일 통신 서비스 mobile communications service 의 확산은 핀테크를 통한 모바일 환경에서 과거에는 금융서비스를 이용하기 어려웠던 다수의 저소득층 및 빈곤층 인구가 보다 쉽게 양질의 금융 서비스에 접근할 수 있도록 함으로써 전 세계적인 금융포용의 확산에 중추적인 역할을 하고 있다.

실제로 핀테크는 오랜 기간 동안 금융시장에서 소외되어 있던 사람들이 편리하고 효과적인 방식으로 금융 서비스에 접근하고 이를 활용할 수 있도록 접근성을 향상시킨다는 점에서 기업들의 사업 영역을 확장하는 동시에 글로벌 금융위기 이후 전 세계적으로 요구되고 있는 지속가능한 성장 sustainable development 를 위해 반드시 필요한 금융포용을 가능하게 하는 실질적 방식을 제공한다는 점에서 정책적으로도 매우 중요한 의미가 있다. 즉, 핀테크는 금융역량 강화를 통한 빈곤문제 해결을 목표로 하고 있는 금융포용이라는 추상적 개념을 현실적으로 가능하게 할 수 있는 실제적이고 강력한 도구를 제공하고 있는 것이다.

이런 관점에서 볼 때 유엔 사무총장 UN Secretary General 산하에 금융포용 특별대표 Special Envoy on Financial Inclusion 직이 설치되어 디지털 금융의 활성화를 위한 국제사회의 노력을 강조하며 다양한 시도를 하고 있다는 점은 핀테크를 통한 금융포용의 촉진이 국제사회에서 중요한 주제로 다뤄지고 있음을 보여 준다.[25] 글로벌 빈곤과 불평등 문제를 해소하기 위한 방안으로 유엔총회 United States General Assembly 는 2015년 9월에 전 세계적으로 지속가능한 개발과 성장을 촉진하기 위해 2030년까지 달성하고자 하는 17가지 목표(2030 Agenda for Sustainable Development, 2030 아젠다)를 발표했다. 디지털 금융을 통한 금융포용의 확산은 금융소외 인구에게 디지털 기술을 통해 금융을 활용할 수 있는 길을 열어 줌으로써 양질의 경제 활동을 할 수 있도록 촉진하는 역할을 한다는 점에서 주목받아 왔는데, 2030 아젠다에서 제시된 목표 중 빈곤퇴치, 굶주림 해소, 양질의 교육, 양성평등, 깨끗한 에너지, 양질의 일자리와 경제성장, 불평등해소 등을 포함하여 총 17개의 목표 중 13가지 목표의 달성을 위한 해결 방안으로서 잠재력을 높이 평가받고 있다.[26]

|그림 3-1| 유엔의 지속가능발전목표

자료: 지속가능발전포털

　　글로벌 금융시장에서도 금융포용을 촉진하기 위한 핀테크의 활용 방안에 대한 관심이 매우 뜨겁다. 대규모 글로벌 핀테크 컨퍼런스 중 하나인 '싱가포르 핀테크 페스티벌 Singapore Fintech Festival'이 2018년 11월에 개최되었던 연례 컨퍼런스 annual conference 의 핵심 주제로 핀테크에 의한 금융포용을 다루었다는 점은 중요한 의미를 지닌다. 핀테크가 단순히 새로운 금융기술의 등장이나 투자 기회를 의미하는 것이 아니라 더 많은 사람들에게 더 나은 금융 서비스를 제공함으로써 이들이 이전보다 더 나은 삶을 살 수 있는 역량을 갖도록 도와줄 수 있다는 비전 vision 이 전 세계적으로 확산되어 가고 있는 것이다.

실제로 지난 수년 간 핀테크는 개발도상국에서 놀라운 변화를 가져왔다. 이미 아프리카, 인도, 중국 등 인구의 많은 비율이 기존에 제공되던 금융 서비스의 혜택을 받지 못했던 지역에서 모바일 금융 mobile finance 을 통해 금융 서비스를 빠르게 보편화하는 데 성공했다. 모든 문제를 일시에 해결할 수는 없지만 빈곤층의 금융소외 문제를 해결할 수 있는 돌파구를 찾았다는 점과 실제적인 변화를 가져왔다는 점에서 향후 어떤 방향에서 이 문제에 대해 접근해야 하는지에 관해 의미 있는 결과들이 도출되고 있다.

앞서 살펴보았듯이 인도와 중국의 핀테크 활용률은 이미 글로벌 평균을 훨씬 상회할 뿐 아니라 대량 수용 mass-adoption 단계로 접어들었다고 보아도 무방하다. 아직 전체적인 인터넷 보급률이 저조하다는 점을 감안하더라도 해당 지역에서의 핀테크 사용률의 급격한 증가가 그동안 높은 사용 비용과 금융 인프라의 부족으로 인해 기존 금융 서비스를 사용하지 못하던 인구가 스마트폰과 인터넷을 통해 낮은 비용으로 금융 서비스를 사용할 수 있게 된 데 따른 결과라는 점에서 핀테크가 앞으로 개발도상국의 금융 서비스 확산과 보급에 가져올 수 있는 잠재력은 무궁무진하다고 할 수 있을 것이다.

핀테크가 가져온 이러한 변화는 비단 개발도상국에서만 나타나는 것이 아니다. 저개발 경제권에서 핀테크가 사회적으로 괄목할 만한 대규모 금융포용의 촉진을 가능하게 했다면, 이미 금융시장이 발달한 선진 경제권에서의 포용적 금융을 위한 핀테크의 역할은 전통적 금융 시스템의 한계를 뛰어넘는 새로운 기회를 창출해 내는 데 있다고 볼 수 있다. 특히 소매금융 retail finance 의 영역에서 나타나고 있는 변화는 기존에 대형 금융기관들이 깔아 놓은 시스템 인프라 system infrastructure 및 전통적 거래 방식을 벗어나 새로운 접근방식으로 고객들에게 새로운 금융경험을 제공하고 있다는 점에서 금융 서비스의 제공 및 소비 방식의 전환을 잘 보여 주고 있다.

모바일 시장 mobile markets의 성장을 발판으로 핀테크가 경제 성장은 물론 사회경제적 문제를 해결하는 데 큰 도움을 줄 수 있다는 점은 분명하지만, 모두가 아무런 준비 없이 이런 혜택을 누릴 수 있는 것은 결코 아니다. 핀테크 서비스의 보편화를 통한 혜택이 기대되는 이면에는 디지털 기술이 익숙하지 않은 저소득층 및 고령 인구의 디지털 적응력 digital adaptability 을 향상하기 위한 방안에 대한 고민이 필요하다. 실제로 사람을 만나고 지점을 방문하여 은행 업무를 보는 것보다 디지털 환경에서 본인이 원하는 시간에 가장 쉬운 방식으로 처리하는 것이 더 편하고 지극히 자연스러운 밀레니얼 세대와 달리 스마트폰으로 전화를 걸고 받는 것 이외에 애플리케이션 applications(Apps) 을 이용한 다양한 서비스를 활용하기가 어려운 고령 인구에게는 디지털 금융 digital finance 의 확산이 오히려 새로운 금융 장벽으로 다가올 수 있기 때문이다.

금융은 물론이고 일상 생활에서 경험되어지는 빠른 디지털화 현상에 따라 스마트폰을 포함한 디지털 기기 digital devices 를 사용하고 정보를 이해하는 능력이 점차 중요해지고 있다. 과거에는 글을 읽고 쓸 줄 아는 능력 literacy 이 필수적이었다면 이제는 디지털화된 정보를 이해하고 디지털 기술을 활용할 수 있는 능력 digital literacy 이 그와 같은 역할을 하게 되는 것이다. 그렇기 때문에 이러한 디지털 기술의 격차를 파악하고 기본적인 디지털 기술의 활용에 익숙하지 못한 인구 층을 대상으로 디지털 활용 교육을 해 나가는 것이 중요하다. 그래야 핀테크를 포함한 다양한 디지털 기반의 서비스를 더 많은 사람들이 장벽 없이 자유롭게 활용할 수 있는 것이다.

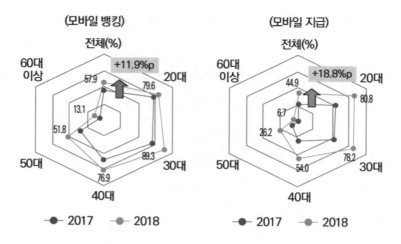

|그림 3-2| 우리나라의 연령대 및 서비스별 모바일 금융 서비스 이용경험 비율

자료: 한국은행(2018)

　　한국은행이 국내 모바일 금융 서비스 mobile financial services 이용 현황을 파악하기 위해 전국의 성인 2,597명을 대상으로 실시한 '2018년 모바일 금융 서비스 이용행태 조사' 결과를 살펴보면 연령층별 디지털 기술의 활용 능력의 격차가 어느 수준에 와 있는지에 대한 대략적인 이해가 가능하다. 설문조사에서 최근 3개월 내에 모바일 뱅킹 mobile banking 을 이용한 경험이 있다고 대답한 응답자 비율(복수 응답)은 전년 대비 11.9% 증가한 57.9%였고, 모바일 지급 서비스를 이용한 경험이 있다고 대답한 응답자 비율(복수 응답)은 전년 대비 18.8% 증가한 44.9% 였다.[27] 그런데 이러한 평균적인 모바일 서비스 이용률의 증가에도 불구하고 연령대별 사용률을 살펴보면 20대에서 50대의 사용률은 증가하고 있는 반면 60대 이상의 사용은 미미한 수준인 것으로 나타났다.

세부적으로 2018년의 수치를 살펴보면 모든 연령층의 평균 모바일 뱅킹 사용률은 57.9%인데, 이 중 30대의 모바일 뱅킹 사용률은 89.3%로 모든 연령층 중 가장 높고, 20대는 79.6%, 40대는 76.9%로 모두 평균을 크게 상회했다. 반면 50대의 사용률은 51.8%로 평균에 조금 못 미쳤는데 60대 이상의 사용률은 13.1%로 매우 저조한 수준임을 알 수 있다. 모바일 뱅킹 서비스의 사용이 이미 젊은 연령층에서는 보편화되어 있는 반면 60대 이상의 인구층에서는 극히 일부만 사용 경험을 갖고 있는 것이다. 앞으로 핀테크와 관련된 다양한 기술이 더욱 발달하고 더 많은 상품과 서비스가 모바일 기반의 디지털 환경에서 제공될 가능성이 높다는 점을 생각한다면, 주의 깊게 살펴보고 대안을 마련해야 할 대목이 아닐 수 없다.

우리나라를 포함해 전 세계적으로 고령 인구 비율이 지속적으로 증가하고 있다는 점을 감안한다면, 디지털 금융의 활용에 필요한 교육과 서비스가 보다 효과적으로 제공되어야 한다는 점은 어쩌면 당연한 사실이다. 모든 연령층을 대상으로 하는 전반적인 디지털 교육이 늘어나고 효율적인 방안에 대한 논의가 점차 활발해지는 것은 앞으로 핀테크가 가져오는 편의와 무궁무진한 혜택을 더 많은 인구가 누리고 적극적으로 활용할 수 있도록 하는 데 큰 도움이 될 것이다.

글로벌 모바일 인프라의 확산

앞서 언급한 바와 같이 핀테크의 성장과 향후 시장에서의 잠재력은 전 세계적으로 빠르게 진행되고 있는 모바일 인터넷 mobile internet 의 보급과 뗄 수 없는 밀접한 관련을 갖고 있다. 이러한 현상에 대한 정확한 이해는 앞으로 글로벌 금융시장에서 핀테크의 확산 규모와 방향성을 가늠하고 이에 대응하기 위한 효과적 전략을 세우는 데 중요한 시사점을 제시한다. 일부 소비 자층이나 고소득 투자가들이 아닌 일반 금융 소비자들을 대상으 로 핀테크를 통한 금융포용의 목표를 달성하기 위해서는 전 세 계적으로 모바일 인프라 mobile infrastructure 의 확산이 어느 정도 진행되어 있으며 어떻게 이를 활용할 수 있을지에 대한 이해와 고민이 필요하기 때문이다.

전 세계 800여 통신사업자를 회원사로 구성된 조직으로 글로벌 이동통신 산업의 방향성을 결정하는 역할을 하는 세계이동통신사 업자협회 Global System for Mobile communications Association(GSMA) 가 모바일 서비스 보급 및 활용에 관해 발표한 보고서의 내용을 잠시 살펴보면 글로벌 모바일 시장의 규모 변화를 한눈에 살펴볼 수 있다. 먼저, 전 세계 모바일 서비스 이용자는 2017년에 기록적인 50억 명을 넘어섰는데, 2025년이 되면 모바일 서비스 단독 가입자의 수가 전 세계 인구의 71%에 해당하는 59억에 도달할 것으로 예상되고 있다.[28] 이러한 전 세계적인 모바일 서비스 이용자의 급속한 증가는 인도, 중국, 파키스탄, 남아프리카 및 남미지역 개발도상국 등에서 모바일 서비스 보급률이 증가한 것에 크게 영향을 받고 있다. 그 어떤 무역 대상국과도 비교할 수 없는 엄청난 규모의 잠재력을 가진 거대한 시장이 빠르게 확장되고 있는 것이다.

이러한 현상은 우리나라에서도 마찬가지이다. 전 세계적으로 이미 인터넷 강국으로 자리매김한 우리나라에서는 일상생활에서 쉽게 느낄 수 있는 것과 마찬가지로 모바일 인터넷 mobile internet 사용률이 매우 높다. 과학기술정보통신부 Ministry of Science and ICT(MSIT) 와 한국인터넷진흥원 Korea Internet & Security Agency(KISA) 이 시행한 '2017 인터넷 이용 실태 조사'의 결과를 살펴보면, 2017년 7월 기준 만 3세 이상 인구의 88.5%가 이동전화 mobile phones, 스마트폰 smartphones, 스마트 패드 smart pads, 웨어러블 디바이스 wearable devices 등을 통해 모바일 인터넷을 이용하고 있는 것으로 나타났다. 특히 조사 대상 중 20대(99.8%), 30대(99.8%), 그리고 40대(99.4%)의 거의 대부분이 모바일 인터넷을 이용하고 있다고 응답했다.[29]

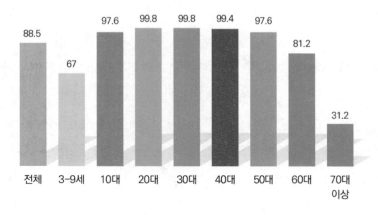

|그림 3-3| 우리나라 연령대별 모바일 인터넷 이용률 (단위: %)

자료: 과학기술정보통신부, 한국인터넷진흥원(2017)[30]

이와 같은 모바일 인터넷 시장의 확대는 기존의 전자상거래 e-commerce 를 비롯하여 핀테크와 같이 새로운 디지털 환경에서의 다양한 형태의 거래, 서비스 및 콘텐츠 제공을 가능하게 한다는 점에서 미래 산업에 있어 매우 중요한 요소이자 중요한 비즈니스 공간으로서 주목할 필요가 있다.

특히 주목할 부분은 모바일 인터넷의 사용에 있어 가장 핵심적인 서비스 장비인 스마트폰의 전 세계적인 보급률 증가이다. 2017년에서 2025년 사이 전 세계 스마트폰 보급률은 20% 가량 증가될 것으로 예상되는데, 2025년에는 전 세계의 거의 모든 국가에서 가장 보편적 디지털 장비로 사용될 것으로 보고 있다.[31]

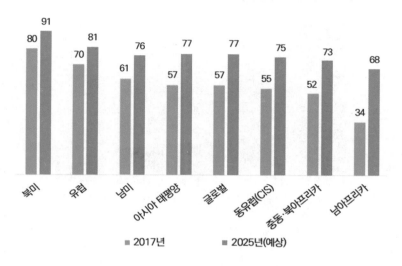

|그림 3-4| 전 세계 지역별 스마트폰 사용률 변화 (단위: %)

- 2017년   - 2025년(예상)

자료: GSMA(2018)
주: 수치는 셀룰러 IoT를 제외한 모든 모바일 통신 중 스마트폰이 차지하는 비율을 나타냄.

스마트폰을 기반으로 한 모바일 인터넷 시장은 북미 North America 및 유럽 Europe 등 선진국 경제권에서는 이미 충분히 확산된 시점에 도달한 반면 최근 수년간 중국, 인도, 인도네시아 및 브라질 등 개발도상국 시장을 중심으로 확대되면서 다양한 영역에서 새로운 비즈니스 기회가 창출되고 있다. 세계이동통신사업자협회(GSMA)의 발표에 의하면 향후 2025년까지 전 세계적으로 1억 명 이상의 스마트폰 이용자를 보유한 시장이 10개 이상 생겨날 것으로 전망된다.[32] 그 어느 때보다 거대한 시장이 우리 눈앞에 펼쳐지고 있는 것이다.

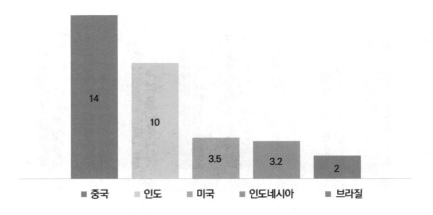

|그림 3-5| 2025년 글로벌 상위 5개 스마트폰 시장(예상) (단위: 억 명)

자료: GSMA(2018)

국가별 스마트폰 보유율 smartphone ownership rate 의 변화를 관찰해 보면 선진국과 개발도상국 간의 차이를 좀 더 명확하게 살펴볼 수 있다. 미국의 시장조사 기관인 퓨 리서치 센터가 2018년에 조사한 결과에 따르면 글로벌 스마트폰 보유율의 중간값 median value 은 59%인데, 선진국과 개발도상국 간의 스마트폰 보유율에는 여전히 큰 차이가 나타난다. 개별 국가 간 차이도 두드러지는데 스마트폰 보유율이 가장 높은 국가는 단연 한국(94%)이며 그 뒤를 이스라엘(83%), 호주(82%), 스웨덴(80%), 네덜란드(80%)가 잇고 있다.

|그림 3-6| 국가별 스마트폰 보유 비율

국가	스마트폰	스마트폰이 아닌 모바일폰	모바일폰 없음
탄자니아	13%	62%	25%
인도	22%	51%	26%
인도네시아	27%	48%	25%
튀니지	27%	57%	16%
케냐	30%	50%	20%
나이지리아	32%	48%	20%
세네갈	34%	46%	21%
가나	35%	45%	20%
베네수엘라	38%	39%	23%
페루	41%	43%	16%
멕시코	42%	33%	25%
필리핀	44%	30%	26%
남아프리카	51%	40%	9%
그리스	53%	38%	9%
베트남	53%	38%	8%
브라질	54%	32%	14%
콜롬비아	56%	33%	11%
폴란드	57%	35%	8%
일본	59%	33%	8%
러시아	59%	37%	4%
헝가리	61%	30%	9%
프랑스	62%	31%	7%
아르헨티나	65%	20%	15%
이탈리아	67%	23%	8%
중국	68%	30%	2%
터키	69%	27%	4%
캐나다	71%	11%	17%
독일	72%	20%	8%
영국	72%	21%	7%
칠레	72%	22%	7%
요르단	76%	23%	1%
미국	77%	17%	5%
스페인	79%	18%	3%
레바논	80%	15%	5%
네덜란드	80%	16%	4%
스웨덴	80%	16%	3%
호주	82%	12%	6%
이스라엘	83%	14%	3%
한국	94%		6%

■ 스마트폰　■ 스마트폰이 아닌 모바일폰　■ 모바일폰 없음

자료: Pew Research Center(2018) – Spring 2017 Global Attitudes Survey.
주: 국가별 조사 샘플은 1,000명 내외임.

조사 대상이 된 신흥국 및 개발도상국 22개국 중 12개 국가에서 스마트폰 보유율이 50% 미만으로 나타났는데, 인도와 탄자니아의 경우 스마트폰 보유율이 25% 미만인 반면 레바논과 요르단은 각각 80%와 76%로 매우 높은 차이를 나타냈다. 결과적으로 전 세계적인 스마트폰 보급률이 빠르게 증가하고 있지만, 국가별로 인구 대비 스마트폰 보급률 smartphone penetration 은 여전히 큰 차이를 보이고 있음을 알 수 있다.

다만, 이러한 국가별 차이에도 불구하고 2015년에서 2017년 사이 스마트폰 보유율 변화 추세를 살펴보면 조사 대상 국가 대부분에서 스마트폰 보유율이 증가하고 있음을 알 수 있다.[33] 아래 표를 살펴보면 2015년에서 2017년 사이 스마트폰 보유율이 가장 크게 증가한 국가는 레바논(28%), 요르단(25%), 필리핀(22%), 그리고 일본(20%)순으로 모두 20% 이상의 증가율을 나타냈다. 그 외에도 베트남, 아르헨티나, 러시아, 독일 등 두 자릿수 증가율을 보인 국가만 13개로 전 세계적으로 스마트폰의 보급이 빠르게 나타나고 있음을 볼 수 있다. 이러한 통계는 서비스의 특징이나 사업의 목적에 따라 어떤 시장을 공략하는 것이 효율적인지에 대한 가장 기초적이면서도 핵심적인 정보를 제공해 준다는 점에서 주의 깊이 살펴볼 필요가 있다.

|표 3-1| 국가별 스마트폰 보유율 변화(2015년, 2017년)

	국가	2015년(%)	2017년(%)	증감(%)
	레바논 Lebanon	52	80	+28
	요르단 Jordan	51	76	+25
	필리핀 Philippines	22	44	+22
	일본 Japan	39	59	+20
	베트남 Vietnam	35	53	+18
	아르헨티나 Argentina	48	65	+17
	폴란드 Poland	41	57	+16
	페루 Peru	25	41	+16
	세네갈 Senegal	19	34	+15
	러시아 Russia	45	59	+14
	남아프리카 South Africa	37	51	+14
	가나 Ghana	21	35	+14
	프랑스 France	49	62	+13
	브라질 Brazil	41	54	+13
	독일 Germany	60	72	+12
	터키 Turkey	59	69	+10

자료: Pew Research Center(2018)-Spring 2017 Global Attitudes Survey 참고하여 작성
주: 국가별 조사 샘플은 1,000명 내외임. 2015년에서 2017년 사이 두 자리 증가율을 보인
국가들을 증가율이 높은 국가부터 낮은 순으로 정리.

이와 같은 글로벌 스마트폰 시장의 급속한 확대는 모바일 플랫폼을 기반으로 하는 다양한 핀테크 서비스가 빠른 속도로 다양한 금융 서비스 분야로 폭 넓게 확산될 수 있는 최적의 사회경제적 환경을 조성해 주었다. 그 어느 때보다 핀테크를 비롯한 디지털 기반의 신산업이 번성할 수 있는 비옥한 토양이 조성되어 있는 것이다.

특히 그동안 물리적 인프라의 부족으로 인해 금융 서비스를 이용하지 못했던 전 세계 수억 명의 인구가 보다 쉽고 간편하게 금융 서비스를 이용할 수 있게 됨으로써 빈곤해결의 근본적 방안 중 하나인 포용적 금융을 가능하게 하는 새로운 플랫폼을 제공할 수 있다는 점에서 매우 중요한 의미를 지니고 있다.

4장

팀 코리아,
에코시스템에 주목하라

글로벌 핀테크 시장, 얼마나 커졌나

앞서 잠시 살펴본 바와 같이 핀테크의 발전은 균형 잡히고 효율적인 에코시스템 안에서만 가능하다. 그리고 금융시장의 안정성을 최고의 가치로 여겼던 기존 규제 시스템의 한계에서 벗어나 혁신을 살리고 키우고 보급하기 위해 필요한 모든 수단을 동원하는 방식으로 사고의 전환이 필요하다. 혁신을 통한 경제성장의 잠재력을 인정하고 그것을 이끌어 내기 위한 도전이 실제로 이루어질 수 있도록 필요한 경우에는 오래 지속되어 온 관행이나 제도라도 과감히 고칠 수 있어야 한다.

무엇보다 핀테크의 건강하고 효율적인 성장을 위해서는 기업, 개발자, 투자자, 그리고 감독기관 간의 긴밀한 협력이 필요하다. 서로가 경쟁 또는 감시의 대상이라는 고정관념에서 벗어나 하나의 단일 팀이라는 개념을 갖고 핀테크를 통한 혁신적 경제 성장이라는 공동의 목표를 달성하기 위해 활발한 의사소통과 적극적인 상호 간 협력이 필요하다. 마치 경기에서 이기기 위해서는 각자의 역량을 발휘하여 맡은 포지션에서 최선을 다해 뛰지만 동시에 긴밀하게 서로 협력해야만 하는 축구 경기와도 같다. 금융산업을 둘러싼 각 경제 주체들이 서로 배타적인 관계가 아니라 공동의 목표를 이루기 위해 구성된 하나의 단일 팀이라는 공동체 의식을 갖고, 자신의 위치에서 서로의 필요와 요구를 가장 효율적이고 발전적인 방법으로 채워 주고자 하는 의지와 노력이 필요한 것이다. 궁극적으로는 이러한 방식만이 혁신적인 핀테크의 성장을 가능하게 함은 물론이고 그로 인한 혜택을 기업과 소비자를 포함하여 더 많은 사회 구성원들에게 줄 수 있다는 점에 대한 분명한 인식이 필요하다. 그래야만 핀테크를 둘러싼 금융시장의 지각변동을 제대로 이해하고 더 나은 내일을 위한 큰 그림을 그릴 수 있다.

핀테크는 이미 단순한 은행업무의 효율화 수준을 훨씬 넘어서 규제 이행 관리 compliance management, 보험 insurance, 자산관리 wealth management 등 금융과 조금이라도 관련된 산업의 모든 영역으로 급속히 뻗어 나가고 있다. 동시에 다른 분야에서 이뤄지고 있는 디지털화와 맞물리면서 여러 산업의 요소들이 결합된 새로운 서비스 영역을 만들어 내고 있다. 그렇게 본다면 핀테크의 성장은 이미 금융시장을 뛰어 넘어 산업의 전 영역에 영향을 미치고 있으며, 향후 더 큰 영향력을 가질 것임이 분명하다. 실제로 최근 레그테크 RegTech 나 인슈어테크 InsurTech 와 같이 핀테크 기술이 기존의 상품 또는 서비스 영역과 접목되면서 새롭게 형성되고 있는 시장의 규모는 전 세계적으로 어마어마하다.

지난 몇 년 사이 글로벌 핀테크 시장의 투자 규모는 빠른 속도로 증가해 왔다. 2018년 글로벌 핀테크 투자 규모는 500억 달러였던 2017년의 두 배가 넘는 1,110억 달러를 기록했다(그림 4-1).[34] 거래 건 수는 2017년 2,165건에서 2018년 2,196건으로 비슷하게 나타났는데 이는 2018년에 100억 달러 이상 규모의 초대형 거래가 3건이나 이뤄졌기 때문이다. 아래(그림 4-2)에서 볼 수 있듯이 글로벌 인수합병 cross-border M&A 을 비롯한 대형 거래규모가 증가하고 있는 추세이다.[35] 2018년 핀테크 관련 글로벌 인수합병 거래규모는 530억 달러 이상으로, 2017년에는 약 190억 달러였던 데에 비하면 3배 가량 증가한 셈이다. 디지털 플랫폼 digital platform 과 다양한 금융 서비스 솔루션 financial services solution 을 기반으로 하는 핀테크는 애초부터 글로벌 시장을 공략해야 한다는 점이 다시 한번 강조되는 대목이다.

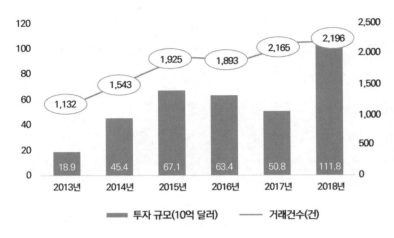

|그림 4-1| 글로벌 핀테크 투자규모 및 건수 변화

자료: KPMG(2018)
주: 벤처캐피탈(VC), 사모펀드(PE), 인수합병(M&A) 거래를 모두 포함.

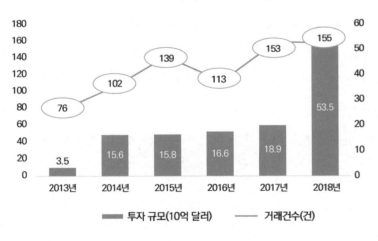

|그림 4-2| 글로벌 핀테크 인수합병 현황

자료: KPMG(2018)

또 한 가지 특징은 기업 투자가 핀테크 스타트업의 성장에 있어서 매우 중요한 역할을 차지하고 있다는 점이다. 기업 투자자들과 기업 내의 벤처조직들에 의한 핀테크 투자 규모는 2017년 100억 달러 규모에서 2018년에는 230억 달러 이상으로 2배 이상 증가했고, 거래 건수도 매년 늘어나고 있다(그림 4-3). 다른 산업들과 달리 유독 전통적 시스템에 대한 의존도가 높은 금융기관들의 입장에서는 혁신적인 핀테크 스타트업이 개발한 독특한 서비스 또는 새로운 기술적 요소를 내부 시스템에 도입함으로써 짧은 기간 안에 기업의 경쟁력을 향상시키고 새로운 비즈니스 기회를 만들어 낼 수 있는 가능성이 높기 때문이다. 동일한 맥락에서 이러한 현상은 전통적인 금융 회사들뿐 아니라 대형 IT 기업들에게서도 유사하게 나타난다. 이미 자리잡은 거대한 조직과 복잡한 의사결정 구조하에서는 이끌어 내기 어려운 혁신적인 변화를 핀테크 스타트업과 손잡음으로써 보다 쉽고 빠르게 실현할 수 있는 것이다.

투자를 통한 이러한 협력은 핀테크 스타트업에게도 사업에 필요한 자금을 확보하거나 성공적으로 회사를 매각하는 것 이상으로 중요한 이점을 제공한다. 대부분의 핀테크 스타트업 startups 들은 지급, 결제, 외환, 보안 솔루션 등 특화된 한두 가지 금융 서비스 분야를 공략하는데, 핀테크 기업들의 대형 금융기관과의 파트너십 형성 또는 인수합병 M&A 의 성사는 소규모 핀테크 기업들의 성장을 위한 안정적인 자본을 마련해 줄 뿐 아니라 보다 효율적인 금융 서비스의 제공을 위한 기술적 제휴의 기회를 제공하기 때문이다. 기존 금융기관이 보유하고 있는 방대한 고객 정보와 이미 확보하고 있는 기존 고객층에 대한 접근성을 확보함으로써 자신들이 개발한 새로운 기술 또는 서비스를 적용할 수 있는 기회를 갖는 것은 혁신적인 아이디어를 고안해 내는 것만큼이나 없어서는 안 될 요소이기 때문이다.

|그림 4-3| 기업참여형 글로벌 핀테크 벤처캐피털 투자 현황

자료: KPMG(2018)

그런 의미에서 신산업으로서 핀테크는 파괴적이기보다는 미래지향적이고 상호보완적이라는 장점을 갖는다. 물론 지금 이 시점에서 우리가 어떻게 대처하는가에 따라서 결과는 달라질 것이다. 공동체로서 우리 사회가 핀테크에 좀 더 많은 관심을 기울여야 하는 이유가 여기에 있다. 아무리 거대한 변화의 파도가 몰려와도 준비만 되어 있다면 거부할 것이 아니라 얼른 올라탈 일이다.

———

거대한 변화의 파도가 몰려와도 준비만 되어 있다면
거부할 것이 아니라 얼른 올라탈 일이다

———

이렇게 핀테크는 더 많은 사람들에게 혜택을 주고 기업들에게도 새로운 기회를 제공할 뿐 아니라, 각 경제 주체가 서로 상호 보완적인 기능을 제공할 수 있도록 하는 구조적 강점이 있다. 그럼에도 불구하고 우리나라에서는 어쩐 일인지 쉽게 뿌리가 내려지지 않는다. 핀테크의 핵심 요소인 IT 기술은 세계적인 수준을 자랑하는 데다 앞서 살펴본 바와 같이 핀테크 서비스의 기반인 모바일 기기의 보급률 역시 매우 높다는 데 이견이 없다. 물론 금융시장의 규모나 서비스에 있어서는 미국이나 영국 등 금융 선진국에 비해 아직 발달하지 못한 부분이 많고, 글로벌 금융시장에서의 경쟁력을 갖추지 못한 것은 사실이다. 그렇다고 해서 중국이나 인도, 케냐 등 핀테크 산업이 급속도로 발전하고 있는 신흥국들에 비하면 금융이 유독 낙후된 것은 결코 아니다. IT나 금융을 따로 떼어 살펴보아도 각 분야의 발달이 부진하거나 시장 여건이 준비되지 못해서 아직 핀테크가 신산업으로서 한국 경제에서 꽃 피우지 못하고 있다고 설명할 수는 없는 대목이다.

그렇다면 우리나라의 핀테크 산업이 이미 한두 차례 스포트라이트를 받았음에도 불구하고 아직도 우리 경제에서 탄탄히 뿌리를 내리지 못하고 있다는 것은 분명 무언가 문제가 있다. 기술도 있고, 자본도 있고, 핀테크 산업 육성을 추진하고자 하는 정부의 계획도 야심 찬데, 아직도 미래 먹거리로서 핀테크 산업이 대한민국 경제에 안착되어 가고 있다고 보기는 어렵다. 왜 이런 현상이 나타나는 것일까?

결론부터 말하자면 시장에서 혁신적 핀테크 산업의 성장을 뒷받침하는 유기적 에코시스템 ecosystem 이 잘 작동하고 있지 않기 때문이다. 건강하고 효율적인 에코시스템이 부재하는 한 핀테크 산업의 성장은 요원한 소원일 뿐이다. 대한민국의 핀테크 에코시스템에 뭔가 심각한 오류가 있는 것이 아닐까?

핀테크, 혁신적 에코시스템에 답이 있다

앞서 설명한 바와 같이 핀테크는 외형적으로는 새롭게 등장한 하나의 새로운 산업 분야로 분류되지만, 이를 구성하는 각각의 요소들만 가지고는 결코 완성된 서비스의 성공을 보장할 수 없다. 구슬이 서 말이라도 꿰어야 보배라는 옛말 그대로이다. 금융과 IT는 물론이고 첨단 기술과 혁신적 아이디어가 원활하게 소통할 수 있어야 고객의 필요, 즉 일상생활에 편리함과 즐거움을 만족시키는 새롭고 혁신적인 핀테크 서비스가 가능해지는 것이다. 정부나 대기업이 나서서 정책을 발표하고 자본을 쏟아 붓는다고 해서 하루아침에 이뤄질 수 있는 것이 아니다.

핀테크를 둘러싼 글로벌 시장의 역동적 변화에도 불구하고 우리는 단순히 핀테크에 대한 규제를 완화할 것인지 아니면 소비자 보호를 위한 감독체계를 한층 강화할 것인지를 둘러싸고 지지부진한 논의만 계속하고 있는 것은 아닌지 생각해 볼 필요가 있다. 누구에게나 주어진 시간은 공평하다. 우리가 이런 저런 이유로 머뭇거리는 사이에 이미 핀테크 성장의 시계는 계속 가고 있다. 수년 내 글로벌 핀테크 시장이 안정화되고 성공적인 글로벌 기업들이 시장을 장악한 뒤에 그들의 경험을 거울삼아 안전하게 핀테크 지원 전략을 추진하겠다고 생각한다면 때는 이미 늦었다. 아직은 구조화되지 않고 역동적인 글로벌 핀테크 시장의 성장 잠재력이 완전히 가시화된 뒤에는 아무리 좋은 전략을 세워 보아야 이미 상실된 성장 모멘텀 growth momentum 을 되살리기는 어렵다. 모든 것이 다 보이지 않을 그때에 핵심을 볼 줄 아는 눈이 있어야 한다. 기업가나 정책가 모두에게 말이다.

누구에게나 주어진 시간은 공평하다.

우리가 이런 저런 이유로 머뭇거리는 사이에

이미 핀테크 성장의 시계는 계속 가고 있다.

유명한 경제학자 조지프 슘페터 Joseph Schumpeter(1883~1950)
는 시장경제에서 새로운 발전으로 이행하는 과정을 설명하면서
'창조적 파괴 creative destruction'라는 개념을 소개한 바 있다. 이
제는 경제 뉴스에서도 쉽게 접할 수 있을 만큼 널리 사용되고
있는 이 개념은 경제가 변동하며 발전해 가는 과정에는 혁신
innovation을 통해 끊임없이 오래된 것을 파괴시키고 새로운 것
을 창조하며 변화를 일으키는 과정인 창조적 파괴가 수반되며,
이 과정을 통해 얻어지는 이윤이 기업의 혁신적 활동을 촉진하
고 지속하게 하는 역할을 한다고 설명한다.36 쉽게 말해 경제
성장과 발전을 위해서는 창조를 통한 혁신이 필수적인 요소이
며, 이러한 혁신을 통한 성장을 가능하도록 하기 위해서는 비록
당장의 고통이 따르더라도 내부적으로 기존의 낡고 오래된 제
도, 관념, 기술 등을 파괴해야만 한다는 것이다.

경제 전반의 관점에서 보면 실제로 혁신이 경제에 가져오는

긍정적 영향은 명백한 반면 당장 기존의 구조를 뒤흔드는 파괴적 영향에 대한 부정적 시각 역시 존재한다. 장기적인 관점으로 볼 때 이러한 파괴적 영향을 더 나은 발전과 진보를 위한 필수불가결한 요소로 받아들이기도 하지만 다른 한편으로는 기존 체제에 대한 파괴에 따른 구조적 실업 등 혁신을 추구하는 데 드는 사회경제적 비용에 대한 우려의 목소리도 높다. 혁신이 그 자체로서 가치와 잠재력을 인정받으면서도 많은 경우 실제 제도권에서 안착하기까지 험난한 과정을 거치게 되는 이유도 그 때문이다.

그렇다면 핀테크의 출현, 그리고 성장은 어떤 결과를 가져올까? 지금까지 우리가 목격한 이 혁신적이고 급격한 변화가 과연 기존 금융산업의 구조를 완전히 뒤흔들면서 금융산업계의 대격변을 가져오게 될까? 핀테크의 출현과 함께 수면 위로 떠오른 새로운 기술들은 과연 기존의 직업 세계와 업무 방식을 완전히 뒤바꾸면서 노동 시장을 치명적으로 위협할까? 은행의 인력들이 다 기계로 대체되면서 우려하던 금융업계의 실업대란이 마침내 현실화되는 것일까? 이 모든 질문에 대한 대답은 핀테크가 지금까지 금융산업에 가져온 변화와 함께 현재 기존 금융업계가 핀테크 스타트업들의 도전에 대해 어떻게 반응하고 있는지를 살펴보면 간단하다. 7장('메가뱅크의 트랜스포메이션')에서 자세히 다루겠지만 결론부터 말하면 핀테크 스타트업들과 기존 금융업계는 하나가 살면 다른 하나는 죽는 배타적 관계가 아니라 협력을 통한 시너지 효과를 극대화할 수 있는 윈-윈 win-win 의 동반자적 관계로 성장할 수 있는 가능성이 매우 높다. 실제로 세계 곳곳의 금융시장에서 핀테크의 출현은 금융 서비스 산업의 면모를 바꾸어 가고 있는다. 기존 금융업계는 핀테크가 가져온 이러한 변화가 불가역적이라는 점에 주목하고, 이에 대한 대응으로 서비스 경쟁력을 한층 강화하기 위해 온라인 중심의 소비자 대면 채널을 늘리고 간편거래 방식을 확대하는 등 기존 시스템에 보다 친고객적 customer-friendly 서비스 요소들을 추가하고 있다. 동시에 사업적 측면에서는 유망한 핀테크 스타트업과 파트너십 partnerships 을 형성하거나 아예 인수하는 전략을 펴 나가고 있다.37

우리나라 핀테크 에코시스템을 총체적으로 또는 개별 요소별로 분석하는 것이 이 책의 목적은 아니다. 그러나 글로벌 신산업으로서 핀테크의 생태적 특성은 어떤 것인지 살펴보고, 글로벌 핀테크 허브의 성공사례를 통해 거품처럼 갑자기 떠올랐다가 사라지는 일시적 현상이 아닌 핀테크의 탄탄한 성장을 위해서는 어떤 에코시스템 ecosystem 이 조성되어야 하는지에 대해 함께 생각해 나가다 보면 자연히 기업, 소비자, 정부 그리고 학계를 아울러 우리가 함께 나가야 할 방향이 조금씩 더 뚜렷이 보일 것이다.

모두에게 꼭 맞는 옷은 없듯이 다른 나라의 성공사례를 우리나라에 똑같이 적용할 수는 없으며 그렇게 할 필요도 없을 것이다. 하지만 핀테크 자체가 혁신적인 아이디어와 생각의 패러다임 전환을 통해 탄생하고 성장했듯이, 핀테크에 대한 이해를 높이고 이를 100% 활용하고자 하는 정부, 기업, 그리고 일반인 누구라도 핀테크의 생태적 환경과 성장을 위해 필요 요소들을 차근차근 함께 짚어 나가다 보면 이미 시작된 금융의 미래, 핀테크의 잠재력을 살려내고 활용하기 위해 각자가 할 수 있는 일, 해야만 하는 일이 무엇인지 깨닫게 될 것이다. 더 나은 미래, 더 좋은 금융시장을 만들어 가는 데 기여할 수 있고 그 과정에서 얻어지는 혜택을 더 많은 사람들과 함께 누릴 수 있다면, 그에 따르는 고민과 노력, 그리고 도전은 그 어떤 수고보다 값질 것이다.

이러한 문제의식과 궁금증을 갖고 PART 2에서는 핀테크 에코시스템의 DNA인 혁신이 의미하는 바가 무엇인지에 대해 살펴보도록 한다. 혁신의 아이콘인 스타트업의 특징은 무엇이며 왜 핀테크가 스타트업을 중심으로 등장하고 성장했는지, 이러한 변화가 기업 문화에 어떤 영향을 미치고 있으며 어떤 변화를 이끌어 가고 있는지 짚어 보도록 한다. 또한 핀테크로 인해 새롭게 생겨난 분야인 레그테크와 인슈어테크가 어떤 전략으로 빠르게 성장하고 있는지 살펴보고, 핀테크가 불러온 이러한 변화의 물결 속에서 생존하기 위해 기존 금융기관들은 어떤 노력을 기울이고 있는지를 알아보도록 한다. 이를 바탕으로 PART 3에서는 핀테크 에코시스템을 구성하는 핵심 요소에는 무엇이 있으며, 건강하고 효율적인 에코시스템이 조성되고 운영되기 위해서는 어떤 조건들이 갖춰져야 하는지에 대해 보다 상세하게 살펴볼 것이다.

먼저, 핀테크의 DNA인 혁신의 정체를 밝혀 보자.

P·A·R·T

2

핀테크 에코시스템,
혁신을 모셔라

5장
핀테크 DNA,
혁신 그리고 스타트업

핀테크와 혁신

핀테크의 DNA는 혁신이다. 기술을 활용하여 금융 서비스를 효율화하기 위해서는 다양한 요소들이 필요한데, 핀테크 상품의 개발부터 판매까지 전 과정의 핵심은 바로 혁신적인 아이디어에 있기 때문이다. 핀테크 기업들이 제공하는 서비스를 자세히 들여다보면 전에 없던 새로운 금융상품을 제공하는 경우도 있지만 대체로 결제 payments 또는 송금 transfer 서비스같이 기존에도 가능했던 금융상품 또는 서비스에 더욱 효율적인 방식과 단순화된 절차를 적용함으로써, 최종적으로 소비자들이 부담해야 하는 비용과 서비스 제공에 소요되는 시간을 획기적으로 감소시킨 경우가 많다. 동시에 데이터 분석 data analytics 이나 인공지능 artificial intelligence 등 새로운 기술을 금융상품의 개발 및 디자인에 접목함으로써 개인의 생활 패턴에 보다 맞춤화된 서비스를 제공하고 있다. 바로 여기에 성공적인 핀테크 기업들이 고객 만족도를 향상시킬 수 있었던 경쟁력의 핵심이 있는 것이다. 이렇게 본다면 혁신적 아이디어가 없이는 고객의 요구를 획기적으로 만족시킬 수 있는 금융 서비스의 재발견은 불가능할 것이다.

이제는 대부분의 대형 은행들이 다양한 형태로 핀테크 시장에 참여하고 있지만, 기본적으로 핀테크는 새로운 아이디어와 기술로 무장한 스타트업을 중심으로 시작되어 발전해 왔다. 그런 의미에서 핀테크의 성장과 발전은 혁신을 경쟁력으로 하는 스타트업이 성장하는 데 필요한 사회경제적 환경과 매우 밀접한 관련을 갖고 있다.

글로벌 금융위기 이후 전 세계적으로 경제 성장이 정체되면서 이를 극복하기 위한 방안으로서 새로운 성장동력 발굴을 위한 국가 간, 그리고 기업 간 경쟁이 그 어느 때보다 치열한 상황에서 혁신적인 아이디어로 시장에 도전하는 스타트업의 가치는 점점 높아지고 있다. 일반적으로 대형 금융기관이나 여타 산업계를 주도하던 대기업의 경우 복잡한 의사결정 구조와 내부적 구조조정에 수반되는 높은 비용 때문에 혁신을 위해 필요한 변화를 이끌어 내는 데 많은 시간과 비용이 소요된다. 반면 스타트업은 혁신적인 아이디어를 중심으로 자본과 인력을 유연하게 운용할 수 있기 때문에, 빠른 시간 내에 경쟁력 있는 서비스와 상품을 개발하고 이를 고객에게 제공할 수 있다는 강점을 갖고 있다. 이 때문에 최근 수년간 비단 핀테크뿐 아니라 인공지능, 사이버 보안, 블록체인 등 첨단 기술에 기반해 서비스를 제공하는 다양한 영역에서 스타트업의 활약이 두드러지고 있으며 이들에 대한 투자 열기도 뜨겁다.

|그림 5-1| 분야별 기업공개 이후 수익 증가율(2015 년~2017 년) (단위: %)

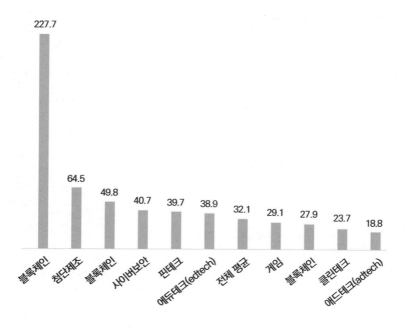

자료: Startup Genome(2018)
주: median quarterly revenue growth(yoy) for IPOs in the sub-sector from 2015~2017

전 세계적으로 스타트업에 대한 벤처 캐피탈 venture capital(VC) 의 투자는 계속 증가하고 있는데 2017년에는 투자 규모가 1,400억 달러를 넘어서며 기록을 갱신했다. 또한 2015년에서 2017년 사이 스타트업의 가치 창출액 value creation 은 2.3조 달러로 2014년에서 2016년 사이에 발생된 가치 창출액보다 25.6%나 증가했다.[38]

최근 주목받고 있는 스타트업들은 모바일 플랫폼의 활용과 함께 인공지능, 블록체인 등 첨단 기술에 기반하고 있다는 공통적인 특징을 갖는다. 이러한 변화의 속도는 매우 빠르게 나타나는데 몇 년 전까지만 해도 크게 주목받던 게임 game, 디지털 미디어 digital media 등의 분야는 이미 점차 쇠퇴하는 추세를 보이는 반면 로보틱스 robotics, 농업기술 agtech, 블록체인 blockchain, 인공지능 artificial intelligence, 빅데이터 big data 및 데이터 분석 data analytics 등 새롭게 등장한 첨단 기술과 깊이 연관된 분야들은 매우 빠르게 성장하고 있다.

스타트업, 누가 성공하는가

이러한 첨단 기술의 등장은 스타트업 창업자들의 프로필 profile 에도 공통적인 특징을 보이고 있다. 첨단 기술을 기반으로 하는 스타트업의 경우 창업자의 평균 연령 median age 이 다른 분야와 비교했을 때 더 높고, 대학원 이상 학위를 갖고 있는 비율도

월등히 높은 것으로 나타난다. 글로벌 스타트업 에코시스템 global startup ecosystem 에 대해 광범위한 조사 결과를 발표하고 있는 스타트업 게놈 Startup Genome 의 보고서에 의하면 특히 바이오테크 biotech, 헬스 health 및 인공지능 artificial intelligence 등 첨단 기술을 기반으로 하는 분야에서 대학원 이상 학위를 보유한 스타트업 창업자들의 비율이 가장 높은 것으로 나타났다. 아래 그래프를 살펴보면 기술적으로 고도화된 분야일수록 해당 분야 창업자의 평균적인 학력 수준이 높다는 것을 알 수 있다(그림 5−2).

이러한 통계는 스타트업은 젊고 경험은 부족하지만 열정으로 과감히 도전하는 젊은 층의 전유물이라는 일부의 인식이 얼

|그림 5-2| 분야별 대학원 학위 보유 창업자 비율 (단위: %)

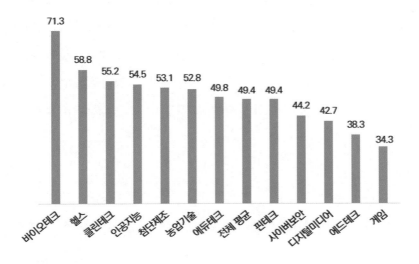

자료: Startup Genome(2018)

마나 현실과 동떨어져 있는지를 보여 준다. 무작정 열심히 도전한다고 스타트업에 성공할 수 있는 것도 아니고 단순히 전문적인 기술을 갖추었다고 성공이 보장되는 것도 아니다. 이 때문에 스타트업에 도전하고자 하는 개인들뿐 아니라 스타트업 지원 프로그램을 운영하는 기업이나 지원 정책을 수립하는 정부기관들 역시 이러한 현실을 정확히 이해하고 그에 맞는 방안을 제시할 필요가 있다.

반드시 고학력자나 유사업종에서의 경험을 갖고 있는 사람이 성공적인 스타트업 창업자가 되는 것은 결코 아니지만, 해당 분야의 전문성은 경쟁력이나 장점이기 전에 필수적 요소이다. 활발한 네트워킹, 효율적 조직관리, 기업운영 경험 등과 함께 전문가적 역량은 첨단 기술 분야에서 성공적인 창업을 위한 핵심 요소이다.[39] 실제로 첨단 기술을 기반으로 하는 글로벌 스타트업들은 단순히 열정과 아이디어만으로 승부를 거는 것이 아니라, 특정 분야의 탄탄한 기술적 전문성과 신뢰할 수 있는 비즈니스 모델을 기반으로 혁신적인 상품을 시장에 내놓음으로써 독보적인 경쟁력을 갖게 되는 것이다.

또한 일반적으로 IT 업계는 젊은 엔지니어들을 선호하는 경향을 보이는데 이러한 통념은 20대의 젊은 층들이 최신 기술에 익숙하고 상대적으로 고정관념이 적기 때문에 혁신적 상품을 개발하는 데 유리할 것이라는 인식과 함께, 페이스북 Facebook 의 마크 주커버그 Mark Zuckerberg나 마이크로소프트 Microsoft 의 빌 게이츠 Bill Gates 와 같이 전설적인 IT 기업의 창업자들이 20대 초반의 젊은 나이에 창업에 성공했다는 사실에서 영향을 받은 것이기도 하다. 이러한 인식 때문에 미국 실리콘 밸리에서도 벤처 투자자들이 투자 대상으로 중년의 창업자들보다 20대의 젊은 창업자들에 대한 투자를 더 선호하는 경향을 보여 왔다.[40] 그렇다면 실제로 20대의 창업자들이 다른 연령대의 창업자들에 비해 성공하는 경우가 더 많은 것일까? 물론 개인의 역량에 따라, 혹은 시장의 상황 변화에 따라 수많은 변수들이 존재하기 때문에 정답이 있을 수는 없지만 이와 관련된 통계를 분석한 연구 결과에 의하면 흥미롭게도 평균적으로 40대의 창업자가 20대의 창업자보다 성공률이 높은 것으로 나타났다.[41]

미국의 노스웨스턴 대학교 켈로그 경영대학원과 매사추세츠 공과대학 슬론 경영대학원의 교수진들은 미국 통계청의 자료를 바탕으로 2007년부터 2014년까지 최소 1명 이상의 직원을 고용한 회사 창립자 270만 명의 평균 연령을 조사했는데, 이들의 창업 당시 평균 연령은 41.9세였고, 이 중 빠르게 성장하고 있는 상위 0.1%의 IT 관련 벤처기업 창업자의 평균 연령은 예상과 달리 45세였다(그림 5-3).[42] 이와 유사하게 50세의 창업자가 고속 성장기업을 만들 가능성은 30세의 창업자보다 1.8배 높으

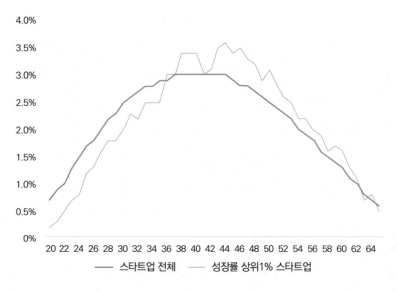

|그림 5-3| 미국 스타트업 창업자의 연령대별 비율

자료: The Conversation, Pierre Azoulay et al.(2018)
주: 가로축은 나이, 세로축은 비율을 나타냄.

며, 20대 초반의 창업자가 최상위 기업을 만들 수 있는 가능성
은 모든 연령대 중 가장 낮은 것으로 나타났다.

위 연구는 창업자들이 중년으로 갈수록 더 성공률이 높은
이유가 정확히 어떤 것이라고 단정하기는 어렵지만, 대체로 기
업 운영에 관한 경험이 풍부하고 노련한 사업가들일수록 자금조
달 방식에 익숙할 뿐 아니라 조직관리 능력, 특정 산업에 대한
전문적 이해도가 높기 때문에 그만큼 창업에 성공할 수 있는 확
률이 높다고 평가했다.

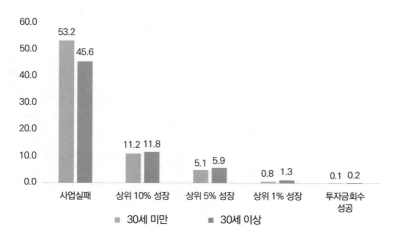

|그림 5-4| 미국 창업자들의 연령대에 따른 사업 성공률 (단위: %)

자료: The Conversation, Pierre Azoulay et al.(2018)

조사 결과에 의하면 성공적 창업의 요인 중에서 가장 큰 영향을 미친 것은 특정 분야에서의 실무적 경험이었다. 이런 측면에서 20대의 창의적 젊은이들이 새로운 기술 분야의 창업에 있어서 다년간의 업무 경력을 보유한 중년의 창업자보다 월등한 경쟁력을 갖고 있을 것이라고 생각했던 기존의 통념을 정면으로 반박하는 결과를 얻은 것이다.

핀테크와 스타트업

PART 3의 핀테크 에코시스템의 구성 요소에서 다시 언급하겠지만, 혁신적 아이디어를 핵심으로 하는 핀테크에 있어서 스타트업은 말할 것도 없고 핀테크의 도전에 직면해 새로운 변화를 시도하는 금융기관들에게도 창의적인 인재는 없어서는 안 될 핵심 요소이다. 그렇기 때문에 이제 기업의 입장에서는 기존에 구축되어 있던 시스템에 빠르게 적응하고 이를 효과적으로 활용할 수 있는 적응 능력을 갖춘 사람들을 선별하여 채용하는 것이 아니라, 주어진 환경 가운데서 새로운 기회를 창출해 낼 수 있는 창의적 능력을 갖춘 인재를 발굴해야 할 필요성이 커지고 있다. 동시에 이렇게 유입된 인재들이 창의적 아이디어와 유연한 사고력을 발휘하여 조직 내에서 역량을 충분히 발휘할 수 있도록 자유롭고 혁신적인 기업 문화를 제공해 줄 수 있어야 한다.

디지털 플랫폼을 기반으로 하는 핀테크에서 혁신은 생명과도 같다. 따라서 획일적이고 구조화된 업무체계를 강조하는 기존의 기업 환경에서는 창의적이고 유능한 인재들이 오래 머물러 있을 수 없다. 상부에서 특정 업무를 지시하고 이를 그대로 따르는 과거 조직화된 기업 문화에서는 창의적인 아이디어가 나오기도 어려울 뿐 아니라 독특하고 창의적인 사고방식을 가진 유능한 인재들이 자신의 역량을 제대로 발휘하기는 거의 불가능하다. 따라서 전통적인 명령체계를 탈피하여 직원들이 통합적이고 유연한 사고방식을 통해 새로운 아이디어를 착안해 내고 실험적인 도전을 내부적 어려움 없이 시도해 볼 수 있도록 업무 간, 그리고 부서 간 장벽을 낮추고 협업을 강조하는 보다 개방적인 업무 환경을 조성하는 것이 필요하다.

기존 기업들의 인력관리 방식대로 단순히 높은 급여와 금전적 보상 체계를 제공하는 것만으로는 우수한 인재를 확보하기 어렵다. 성장 잠재력을 높이고 도전을 통해 기업과 개인 모두 크게 도약할 수 있도록 실제적으로 필요한 공간을 마련해 주어야 한다. 실제로 많은 기업들은 우수한 인재를 보유하기 위해서는 높은 급여 수준이나 복지 서비스보다 성장 잠재력이 더욱 큰 영향을 미친다는 점을 인지하고 있다.[43] 많은 경우 당장의 급여 수준이나 복지 혜택 아니라 그 기업에 계속 머물러 있을 때 앞으로 얼마나 성장할 수 있는 가능성이 있는지 여부가 직원들이 이직을 고려하는 데 있어 가장 중요한 요인으로 작용하는 것이다. 보상 체계에 있어서도 마찬가지이다. 기업 내에서 획일화된 보상 시스템을 적용하는 것은 관리자의 입장에서는 효율적인 업무처리에 도움이 될 수 있지만 개개인의 특성과 필요에 맞추어서 보다 유연한 방식으로 보상 시스템을 전환할 필요가 있다.[44] 핀테크를 포함한 일반적 스타트업에게 있어서 제공하는 상품 및 서비스의 혁신성이 경쟁력의 핵심인 것과 마찬가지로 조직의 관점에서도 직원들의 입장에서 볼 때 창의적이고 혁신적인 보상체계를 고안해 내고 제공하는 것이 기업으로서 경쟁력을 강화하고 조직을 효과적으로 이끌 수 있는 중요한 요소인 것이다.

실제로 디지털 분야의 인력들의 경우 앞서 밀레니얼 세대의 특징에서 살펴보았듯이 문화적인 측면에 있어서 개인의 선호와 필요가 독특하고 다양하기 때문에 비록 제한된 시스템 안에서도 개인의 선호와 필요에 따라 선택할 수 있는 다양한 옵션을 제공해 주는 것이 중요하다. 보다 친고객화된 맞춤형 서비스의 제공이 성공적인 핀테크 상품 및 서비스의 핵심인 것과 마찬가지다. 기업이 우수한 핀테크 인재를 유치하고 이들을 잘 활용하기 위해서는 최대한 자유로운 업무환경을 제공하면서 개개인의 필요와 특성에 따라 유연하게 적용될 수 있는 보상 체계를 제공해 주는 것이 필요하다.

그런 측면에서 볼 때 최근 수년간 전 세계적으로 핀테크 산업이 유능한 스타트업들을 중심으로 발전해 왔다는 사실은 결코 우연한 현상은 아닐 것이다. 일반적으로 관료적 조직 문화로 구조화된 대기업에 비해 스타트업의 경우 직원들의 입장에서 볼 때 개개인의 능력과 역량을 더 쉽게 발휘할 수 있는 매력적인 업무 환경을 제공해 줄 수 있다는 강점을 갖고 있다. 핀테크가 불러온 변화에 대응하기 위해 기존 금융기관들이 구조적 개혁과 다양한 내부적 변화를 시도하고 있다는 점 역시 우수한 인재들의 유출을 방지하고 이들이 역량을 더 잘 발휘할 수 있도록 유연하고 창의적인 업무 환경을 제공해 주는 것이 얼마나 중요한지를 잘 보여 준다. 그런 측면에서 볼 때 상대적으로 자유로운 근무 환경과 창의적 아이디어를 강조하는 IT 기업들이 고도로 조직화된 대형 금융기관들에 비해 핀테크 업계에서 우수한 인력을 유치하는 데 더 유리한 입지를 갖고 있다고도 볼 수 있다. 최근 몇 년 사이 독자적 핀테크 서비스로 금융시장에 도전장을 내민 IT 기업들이 기술력을 갖춘 전문인력 확보에 상대적으로 유리하다는 점도 이들의 경쟁력 중 하나이다.

성공적인 스타트업의 기업 문화

그렇다면 성공적인 스타트업의 기업 문화는 어떤 특징을 갖고 있을까? 업종마다, 생산 또는 소비의 단계에 따라서 다양한 차이가 있겠지만 반드시 존재해야 하는 세 가지 요소로, 실험적 도전정신, 업무 간 활발한 커뮤니케이션, 그리고 보상 체계의 차별화에 주목할 필요가 있다.

먼저 실험적 도전정신을 촉진하는 문화는 스타트업의 존재의 이유와 직결된다. 스타트업은 기존의 대형화된 기업들이 시장과 고객에게 제공할 수 없었던 새로운 차원의 상품 또는 서비스를 제공하기 위해 시작되고, 성공의 여부 역시 새로운 것의 현실화가 가능한가에 따라 결정된다. 그런 의미에서 볼 때 온갖 상상력을 발휘하여 동일한 현상과 조건을 앞으로 뒤로, 위로 아래로 뒤집어 볼 줄 아는 실험적 도전정신을 독려하지 않고는 개개인의 머릿속을 맴도는 새로운 아이디어가 절대로 상품화되어 나타날 수 없다. 핀테크를 비롯해 디지털 기술을 기반으로 하는 스타트업들에게 있어 탄탄한 기술적 기반은 없어서는 안 될 필수적 요소이지만 결과적으로 시장에서 사업의 성패는 얼마나 혁신적이면서도 실현 가능한 사업 모델을 구축하고 효율적으로 운영하는데 달렸다고 볼 수 있다. 이런 측면에서 볼 때 혁신적 사업 모델의 개발을 위한 적극적 시도와 도전의 중요성은 아무리 강조해도 지나침이 없다.

대기업들이 기존에 이미 성공적인 사업 모델로 검증된 과정들을 고수하여 동일한 결과물을 오류 없이 재생산해 내는 데에서 경쟁력의 핵심을 유지하고 있다면, 스타트업은 바로 그 정반대의 과정에 성공해야만 존재의 가치를 인정받을 수 있는 것이다.[45] 많은 인재들이 대기업의 안정된 직장을 버리고 스타트업을 창업하거나 스타트업으로 자리를 옮기는 가장 큰 이유는 당장의 높은 급여보다도 자신의 재능과 혁신적 아이디어를 현실화할 수 있는 기회를 갖고 싶기 때문일 것이다.

비디오 대여업을 하는 스타트업으로 시작해 거대 미디어 콘텐츠 media contents 기업으로 부상한 넷플릭스 Netflix 의 사례는 발상의 전환이 혁신적 비즈니스 모델을 탄생시키는 데 얼마나 지대한 영향을 미치는지를 잘 보여 주고 있다.[46] 2005년까지만 해도 비디오 및 DVD 대여 체인업체로 시장을 장악하고 있던 블록버스터 Blockbuster 에 도전장을 내민 넷플릭스 Netflix 는 2006년에 기존에 적용하던 대여료 및 연체료 부과 방식을 없애고, 대신 실시간 스트리밍 streaming 방식을 채택했다.47 당시 블록버스터 Blockbuster 를 비롯한 대부분의 비디오 대여기업이 채택한 비즈니스 모델은 비디오나 DVD를 요금을 받고 일정 기간 대여해 주고, 만약 고객이 반납 기한을 넘길 경우 연체료를 부과하는 방식을 사용한 것을 생각하면 대여라는 개념을 버리고 월간 이용료를 받는 스트리밍 방식을 채택한 것은 획기적인 사고의 전환으로 받아들여졌다.

이와 함께 넷플릭스 Netflix 는 고객들이 선호하는 영상에 대한 데이터 분석을 통해 추천 영상 서비스의 정확성과 효율성을 향상시키기 위해 파격적인 상금 100만 달러를 걸고 '넷플릭스 프라이즈 Netflix Prize '를 개최했다. 넷플릭스의 비디오 등 콘텐츠 추천 시스템의 정확도를 기존 대비 10% 향상시키는 팀에게 100만 달러의 상금을 걸고 개최된 이 대회는 많은 관련분야 전문가들의 관심을 받았다. 우승자에게 주어지는 상금뿐 아니라 대회 참가자들에게는 넷플릭스가 보유하고 있는 방대한 데이터를 활용할 수 있는 기회가 주어진다는 점 때문에 전 세계에서 수많은 엔지니어들이 큰 관심을 보였고 유수의 데이터 분석 전문가들이 이 대회에 뛰어들었다.

|그림 5-5| 100만 달러의 상금을 걸고 개최된 넷플릭스 프라이즈

자료: The Netflix Prize Homepage, The Thrillist(2017)

　결과적으로 넷플릭스는 빅데이터 분석을 활용하여 가입자
들이 선호하는 동영상 및 광고물을 맞춤형으로 제시할 수 있었
고, 이렇게 얻은 통계를 활용하여 흥행 가능성이 높은 영상물을
제작함으로써 명실상부한 글로벌 미디어 기업으로 급부상하는
결정적 계기를 마련할 수 있었다.[48] 획기적인 발상의 전환과 과
감한 선택이 경쟁이 치열한 시장에 새롭게 진입한 스타트업이
성공하기 위해서 얼마나 중요한 요건인가를 그대로 보여 준 사
례로 손꼽힌다.

　그렇다고 해서 스타트업에게 주어진 제한적 시간과 자본의
한계를 고려할 때 모든 새로운 아이디어를 다 실험해 볼 수 있는
것은 결코 아니다. 넷플릭스 프라이즈의 사례와 같은 과감한 투자
가 현실적으로 어려운 경우가 더 많을 수 있다. 하지만 언제나

다양한 경험과 끊임없는 도전을 통해서만 시대를 뒤흔드는 획기적인 발명과 성취가 가능한 것처럼 스타트업 세계의 냉엄한 현실에서 생존을 보장받고 시장에 안착하기 위해서는 역설적으로 과감한 도전을 장려하고 촉진하는 분위기가 반드시 필요하다.

이 때문에 대기업 내에서도 새로운 비즈니스 모델을 발굴하고 시장의 변화에 적합한 새로운 상품을 개발하기 위해 기업 내부에 별도의 스타트업 조직을 만드는 경우도 종종 있다. 기업에 소속되어 있는 부서이지만 일반 스타트업들과 유사하게 소규모의 조직 내에서 새로운 아이디어를 실험적으로 검토하고 도전해서, 기존의 계층화되고 관료적인 조직 체계에서는 제안하거나 개발하기 어려웠던 새로운 상품이나 서비스를 생산해 내도록 유도하는 것이다. 이런 사실만을 보아도 스타트업의 실험적 도전정신은 선택이 아니라 혁신적 가치의 생존을 위한 필수 요소라는 점은 너무도 명백하다.

이러한 대기업들의 변화는 핀테크의 거센 도전에 대응해야 하는 은행권에서 특히 두드러지게 나타나고 있다. 비금융권인 IT 기업들이나 혁신적 아이디어를 기반으로 한 스타트업들이 빠르게 금융시장을 장악해 나가는 상황에서 앞으로의 생존을 위한 새로운 상품 및 사업 모델의 발굴에 대한 필요는 매우 절실하다. 이에 대응하기 위해 대형 은행들은 기존의 관료화되고 보수적인 조직 문화 및 업무 구조에서는 혁신적 아이디어를 발굴하거나 상품화하기 어렵다는 현실을 인정하고, 새로운 수익모델을 발굴하고 단기간 내 상용화할 수 있는 혁신적 환경을 조성하기 위해 사내 벤처 조직을 신설하여 적극적 지원을 하고 있다. 우리나라 은행권에서도 새로운 상품 발굴을 촉진하고 조직 내 혁신의 바람을 불러일으키기 위한 사내 벤처 붐이 한창이다.[49]

일례로 우리은행은 2018년 하반기에 제안자가 제시한 아이디어가 채택될 경우 실제 사업화까지 직접 진행할 수 있도록 지원하는 사내 공모전을 진행했다. 이를 통해 기존의 지점별 은행 순번기를 대신해서 클라우드 cloud 를 통해 중앙에서 전국 840여 개 지점의 대기 인원과 현재 업무처리 상황을 관리하고 이를 통해 상황에 따라 효율적인 고객 안내와 서비스 제공이 가능하도록 하는 '스마트 허브' 사업을 첫번째 사업으로 채택하고 시범 운영 후 상용화를 추진하고 있다.[50] IBK기업은행도 2019년 초에 사내 벤처 조직을 두 곳 신설했다. 개인디지털채널부 내 신설된 '크리에이티브'는 혁신적인 광고 및 홍보 콘텐츠 제작을 위해, 전략기획부 미래사업팀 내 신설된 'IBK보배'는 중소기업이나 소상공인이 영업점 방문 없이 비대면으로 대출 신청 및 정책자금 조회가 가능하도록 하기 위해 만들어진 디지털 플랫폼과 연계하여 중소기업 경영지원을 위한 사업모델의 설계를 위해 운영된다.[51] 신한은행은 2016년부터 사내 벤처인 '에스파크 SPARK'를 운영하고 있는데, 디지털 사업의 효과적 추진을 위해서 젊은 직원들의 적극적 아이디어 제시를 독려하는 한편 제시된 아이디어가 실제 사업화 될 수 있도록 스타트업들과의 연계를 강화하기 위해 그룹 차원에서도 지원하고 있다.[52]

이러한 다양한 시도가 성공적인 결과로 이어지려면 무엇보다 시험적으로 한두 번 그냥 해보는 것이 아니라 벤처 조직의 운영을 통해 얻어진 혁신적 업무 방식과 유연한 조직 운영 방식이 기업 전반의 조직 문화 및 업무 방식을 바꿀 수 있도록 연계시키는 것이 매우 중요하다. 이를 통해 파생되는 작은 기회들을 놓치지 말고 포착해서 혁신적 조직으로의 변신을 촉진하는 촉매제로 사용할 수 있어야 하는 것이다.

두 번째로 주목할 것은 업무 간 활발한 커뮤니케이션이다.
대부분 기업에 입사하면 각자의 직책에 따라 구체적이고 세분화된 업무내역이 주어진다. 공공기관은 말할 필요도 없다. 부서별로 구체화된 업무 중에서 개인에게 특정 업무가 할당되고 자신의 업무 영역을 넘어서는 부분에 대해서는 같은 조직 내에서 라도 정보를 얻기 어려울 뿐만 아니라 다른 부서의 협조를 구해야만 겨우 도움을 받을 수 있는 경우가 허다하다. 창의적인 아이디어가 떠올랐다고 해도 그것이 타 부서의 업무와 연결되어 있고 특히 상위 직급자와 관련되어 있다면 감히 제안하거나 공개적으로 논의하기란 결코 쉬운 일이 아니다. 반대로 혁신적 아이디어가 스타트업의 DNA이자 경쟁력이라는 점을 상기한다면 그러한 아이디어의 착안부터 개발, 상품화에 이르는 전 과정이 물 흐르듯 유기적으로 연결되어야 한다. 부서 간, 직급 간 장벽이 있어서는 단계를 거치면서 최초의 반짝이던 아이디어가 서서히 소멸되거나 필요한 개선 요소들이 누락될 수밖에 없다.

스타트업을 공동의 목표를 두고 비교적 소수의 구성원들이 한 몸이 되어 뛰는 팀 경기에 비유한다면, 내가 맡은 부분이 아니라고 몰라도 되거나 남의 일이라고 모르는 척해서는 아무 결과도 얻을 수 없다. 끊임없는 커뮤니케이션과 다양한 각도에서 접근하는 노력이 있어야 최적의 결과에 도달할 수 있는 것이다. 각각의 능력을 충분히 발휘함으로써 최종적인 성과를 높이는 것은 물론이고, 이러한 과정을 통해 구성원들의 책임의식과 연대감을 더욱 강화할 수 있다면 단지 한두 개의 프로젝트의 성공여부를 넘어 새로운 가치를 창출하는 건강한 기업으로서 자리매김할 수 있는 것이다.

그래서 어느 정도 규모를 갖춘 중소형 스타트업의 경우에도 정기적으로 전 직원 미팅을 갖고, CEO부터 말단 직원에 이르기까지 한 자리에 모여서 사업의 비전을 재확인하고 각 업무 영역의 발전 단계와 성공 또는 실패의 경험을 공유하는 경우가 많다.53 이런 자리를 통해 각각의 구성원들이 조직 내에서 직책의 높고 낮음과 상관없이 자신의 정체성과 가치를 확인하고 동일한 정신으로 공통의 목표를 향해 매진하도록 독려받는 것이다.

실험적 도전정신과 업무간 활발한 커뮤니케이션을 통해 혁신을 촉진하고 새로운 것에 도전하는 기업 문화가 조성되었더라도 가장 결정적인 한 가지를 간과해서는 안 된다. 바로 **개인화된 보상 체계**이다. 경직된 조직 문화가 아닌 스타트업의 자유로운 업무 환경은 개인의 성과가 가시적으로 나타날 뿐 아니라 조직 전체에 직접적인 영향을 미치게 된다. 따라서 직위의 높고 낮음과 상관없이 투명한 방식으로 개개인의 성과와 노력을 평가하고 그에 상응하는 보상을 해주는 것이 중요하다. 개개인의 역량을 충분히 발휘하는 것이 스타트업 전체의 성과에 직접적인 영향을 미치는 구조를 갖고 있는 이상 개인의 성과에 상응하는 개별화된 보상이 주어질 수 있어야 지속적으로 혁신적 아이디어의 발굴과 개발이 이뤄질 수 있다. 또한 앞서 언급한 바와 같이 스타트업에 뛰어드는 유능한 인재들은 대부분 기성화된 조직 문화에서는 펼쳐 보기 어려운 새로운 사업 모델 또는 상품을 실현해 보고자 하는 열망을 갖고 있다. 실패의 확률이 높은 만큼 성공했을 경우 얻을 수 있는 보상의 수준도 높을 것으로 기대할 수 있을 때 과감한 도전을 감행할 수 있는 것이다.

|그림 5-6| 원활한 의사소통을 위한 자유로운 회의 분위기

자료: Shutterstock

　　앞서 살펴본 주요 요소들을 최적화하기 위한 실제적 방안으로 활용되는 전략 중 하나가 바로 의도적인 업무 환경의 변화이다. 최근 아메리칸 뱅커 American Banker 에서 발표한 "가장 일하기 좋은 핀테크 기업 Top 20"을 살펴보면 IT 업계 특유의 자유로운 사무실 분위기나 직장 내 다양한 소셜 및 취미 활동 조차도 업무 성과를 향상시키기 위한 비즈니스 전략이 반영된 결과임을 알 수 있다.[54] 창의적이고 우수한 인재를 유지하고 이들의 능력을 충분히 활용하는 것이 핀테크 기업의 핵심적인 성공 요소 중 하나인 만큼 새로운 직원들의 정착을 돕기 위한 멘토링 mentoring 프로그램부터 직급 간 경계를 낮추고 자연스러운 의사소통의 기회를 늘리기 위한 네트워킹 이벤트, 다양한 스포츠 활동에 대한 지원 등 직장 내 복지 향상을 위한 적극적인 시도는 궁극적으로 직원들이 일터를 놀이터와 같이 즐거운 공간으로 여김으로써 성과를 높일 수 있도록 하기 위한 기업의 전략적 투자이자 장치인 것이다.

미국 켄터키 주의 파두카 Paducah, Kentucky 에 위치한 뱅킹 소프트웨어 banking software, IT 및 컴플라이언스 솔루션 compliance solution 을 제공하는 핀테크 기업인 CSI Computer Services Inc. 는 연간 평균 이직률이 5%로 기술 관련 업계 이직률이 평균 25%임을 감안할 때 매우 높은 수준을 유지하고 있다. 이러한 배경에는 신입 직원의 빠른 정착을 위한 일대일 멘토링 프로그램과 실적과 연동된 보너스 및 인센티브 제도의 제공 등이 중요한 역할을 차지한다.[55] 새로 들어온 직원들이 자신이 맡게 된 업무뿐 아니라 독특한 사내 분위기에 빠르게 적응하도록 돕는 것은 새로 입사한 직원들 뿐 아니라 회사의 입장에서도 업무 효율성을 높이고 성취욕을 고취시키는 데 매우 중요한 요인으로 작용한다. 특히 자유로운 토론과 활발한 아이디어 공유가 중요한 핀테크 기업에서 직원들 간의 원활한 커뮤니케이션은 필수적인 요소이다.

이와 유사하게 일하기 좋은 핀테크 기업 Top 20에서 6위를 차지한 부동산 투자 플랫폼 기업인 피어스트릿 PeerStreet 은 매년 사내 올림픽을 개최하고 다양한 운동경기에 함께 참여하면서 직원들 간의 친목을 도모한다.

|그림 5-7| 직원 복지 향상을 위한 쾌적한 사내 휴식 공간

자료: Shutterstock

또한 최고 운영자 Chief Operating Officer(COO)가 직접 매주 전 직원이 참여하는 회의를 개최하여 회사의 상황을 공유하고, 직원들과 자유롭게 의견을 교환함으로써 높은 소속감과 공동체 의식을 부여하기 위해 노력하고 있다.[56] 이러한 과정을 통해 전 직원들이 함께 목표를 달성해 가는 공동체적 성취감을 느끼게 되면서 업무에 있어서도 자연스럽게 협력적 분위기가 조성될 수 있는 것이다.

이러한 기회는 직급의 높고 낮음에 상관없이 조직 내에서 자신의 의견을 자유롭게 표현할 수 있고 다른 사람의 의견을 공개적으로 들을 수 있다는 점에서 구성원들에게 소속감을 심어

|그림 5-8| 다양한 네트워킹 이벤트를 통한 직원간 친목 강화

자료: Shutterstock

줄뿐 아니라 업무에 대한 성취감을 고취시키는 계기가 될 수 있다. 동시에 조직의 투명성과 잠재력에 대한 신뢰를 높이는 요인으로 작용하기 때문에 기업의 장기적인 성장을 위해서도 매우 중요한 기회로 작용하게 되는 것이다. 개인의 성공을 조직의 성공과 연결시킬 수 있는 것이 기업의 지속적 성장을 가능하게 하는 열쇠라는 점은 성공적인 핀테크 스타트업의 운영 방식에서 공통적으로 관찰되는 핵심 요인이기도 하다.

마지막으로 빼놓을 수 없는 것은 바로 실패를 대하는 문화이다. 스타트업의 성공률이 매우 낮다는 것은 창업을 시도한 절대다수가 실패를 경험하지 않을 수 없다는 냉엄한 현실을 그대로 보여 준다. 동시에 대다수의 성공한 스타트업은 수 차례의 시행

착오를 겪고 그러한 경험을 통해 다듬어진 능력을 발휘하여 마침내 성공의 열매를 거머쥐게 된다. 이러한 사실을 감안할 때 혁신적 스타트업이 탄생하고 성장해서 시장에 안착하기까지 필연적으로 만나게 되는 실패를 치명적인 결함이나 역량의 부족으로만 여겨서는 곤란하다. 진정한 혁신이 가능하려면 실패를 두려워하지 않고 오히려 실패를 통한 발전을 격려하는 사회적 분위기가 조성되어야 하는데 이를 위해서는 단순히 심리적 위로가 아닌 제도적 차원에서의 지원이 반드시 필요하다. 일정 규모 이하의 스타트업에게는 보다 유연한 회생 시스템을 도입하는 등 실패를 딛고 일어설 수 있기 위한 기회를 마련해 주어야 더 나은 아이디어의 발굴과 과감한 시도가 이뤄질 수 있는 것이다.

이러한 사회적, 제도적 변화가 적극적으로 이뤄지기 위해서는 스타트업의 끊임없는 도전과 다양한 시도가 시장에 혁신을 불어넣어 주는 촉진제가 된다는 사실에 대한 동의와 함께 이미 기성화된 산업 구조에서 후발주자들에게도 성장을 위한 기회를 보다 적극적으로 제공함으로써 경제 전반에서 더 많은 기회와 잠재력을 발굴해 낼 수 있다는 가능성에 대한 인식이 뒷받침되어야 할 것이다. 혁신적 아이디어와 이를 현실화하는 데 생존이 달려 있는 스타트업의 끊임없는 등장과 과감한 도전은 우리 경제와 사회가 한 걸음 더 발전하기 위해 반드시 필요한 역동성을 제공해 준다는 사실을 기억할 필요가 있다. 이들을 통한 새로운

가치 창출을 위해 더 많은 노력과 관심을 기울여야 하는 이유가
바로 거기에 있다.

6장

새로운 시장의 탄생: 레그테크와 인슈어테크

글로벌 금융위기와 규제 리스크

핀테크는 금융과 관련된 모든 영역의 경계를 허무는 동시에 새로운 금융 서비스 영역을 만들어 가고 있다. 금융 서비스 산업은 자본시장의 변동성이 실물 경제에 미치는 막대한 영향력 때문에 전통적으로 매우 보수적이고 까다로운 규제의 대상이었다. 비록 국가들마다 규제의 수준이나 방식의 차이는 존재하지만, 아무리 자유주의적인 정부라도 실제로 금융시장에 대한 규제가 필요하지 않다고 생각하거나 규제를 적용하지 않는 경우는 없다. 그래서 복잡하고 세분화된 금융 규제 체계는 새로운 기업이 금융시장에 진입하는 데 장애가 되는 주요 장벽 중 하나로 여겨져 왔다.

이 때문에 새롭게 시장에 진입하려는 기업은 물론이고 안정적으로 사업을 운영하고 있는 기존 금융기관들도 새로운 금융상품을 시장에 출시하고자 할 경우 또는 상품 개발을 위해 기존에 보유하고 있던 고객 관련 데이터를 사용하고자 할 경우에는 복잡한 여러 단계의 규제 요건을 만족하기 위해 많은 시간과 비용을 들이게 된다. 이와 같이 법이나 규제의 변화가 기업의 운영에 미치는 위험을 가리켜 규제 리스크 regulatory risk 라고 지칭한다. 의도적이든 실수에 의해서든 관련 규제를 위반하게 될 경우 심각한 경우 영업정지 처분을 받게 되거나 막대한 규모의 과징금이 부과될 수 있기 때문에 기업들은 해당 법령이나 규제의 변화를 정확히 이해하고 이에 적절히 대응하지 않으면 안 되는 것이다. 규제를 위반하여 처벌을 받게 될 경우 당장 금전적인 손실이 발생하는 것은 물론이고 그로 인해 기업의 브랜드 이미지가 하락하게 되면서 회복하기 어려운 타격을 입게 될 수도 있다.

이러한 높은 규제 비용은 글로벌 금융위기 이후 전 세계적으로 금융시장에 대한 규제가 크게 강화되고, 이행 절차 또한 한층 복잡해지면서 기업들에게 더욱 큰 부담으로 작용하고 있다. 대형 은행들의 무분별한 투자와 도덕적 해이를 방지하고 금융시장의 안정성을 강화하기 위해 한층 강화된 바젤 은행자본규정 Basel III 및 미국의 도드-프랭크 법 Dodd-Frank Wall Street Reform and Consumer Protection Act("Dodd-Frank Act") 등 글로벌 금융시장의 헤드라인을 장식한 대규모 자본 관련 법안들을 비롯해 기업의 개인정보 및 데이터보호 의무를 한층 강화한 EU의 데이터 보호에 관한 일반규제법 General Data Protection Regulation(GDPR)의 도입까지 글로벌 금융위기 이후 전 세계적 금융 관련 규제 강화 움직임은 금융기관들의 규제 이행 compliance 에 소요되는 비용을 크게 증가시키는 결과를 가져왔다. 특히 최근 수년간 디지털 산업이 급격히 발달함에 따라 고객 정보 관리 또는 보안 관련 규정은 크게 복잡해진 반면 대부분의 이행 절차는 여전히 과거와 마찬가지로 수동적인 방식으로 이뤄지고 있어서 결과적으로 규제 이행에 소요되는 비용이 크게 증가할 수밖에 없는 것이다.57

이러한 변화는 글로벌 금융위기가 드러낸 문제들의 재발을 방지하기 위한 정당한 제도적 대응으로 볼 수 있지만, 다른 한편으로는 이렇게 강화된 규제를 이행하는 과정이 지나치게 복잡하거나 비효율적 방식으로 진행될 경우 금융기관들의 업무 효율성을 떨어뜨리는 역효과를 가져올 수 있다. 무엇보다 규제 환경의 불확실성이 커짐에 따라 새로운 사업의 추진을 꺼리게 되어 결과적으로 시장의 역동성이 움츠러들게 만드는 부작용도 발생할 수 있다.

|그림 6-1| 향후 12개월 간 규제이행 비용이 증가할 것으로 예상한 비율 (단위: %)

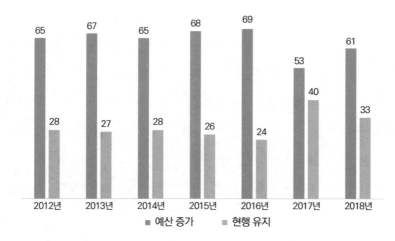

자료: Thomson Reuters, Cost of Compliance(2018)
주: 응답기관 중 준법감시팀의 예산이 현재와 동일하거나(오른쪽 막대그래프) 향후 12개월 동안 급격히 또는 약간 증가할 것(왼쪽 막대그래프)이라고 응답한 비율을 나타냄.

|그림 6-2| 향후 12개월 간 관리책임자의 개인 책임이 강화될 것으로 예상한 비율 (단위: %)

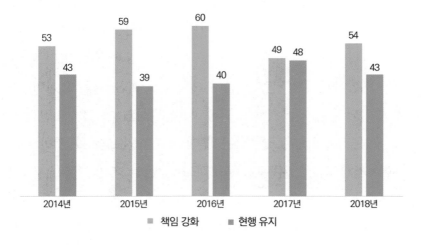

자료: Thomson Reuters, Cost of Compliance(2018)

실제로 2017년에 글로벌 기업들의 전반적 운영과 관련하여 변경되었거나 수정된 규제 건수는 약 200여 개였으며, 2008년 이후 규제 위반으로 부과된 벌금액은 3,200억 달러를 넘어섰다.[58] 2018년 1분기에 다국적 정보기업인 톰슨 로이터 Thomson Reuters 가 전 세계적으로 대형금융회사, 은행, 보험 회사, 투자자문사 등을 대표하는 800여 명의 선임 준법감시인들을 대상으로 각 기관의 규제 이행 비용에 관해 설문조사한 결과에 따르면, 응답기관의 61%가 규제 이행 관련 예산이 지난해보다 증가할 것으로 예상했다(그림 6-1). 또한 규제 이행 관련 업무의 증가로 인해 준법감시팀의 규모가 예년과 동일하게 유지되거나(54%) 증가할 것(43%)으로 예상한다고 응답했다(그림 6-2).

좀 더 세부적으로 살펴보면 글로벌 금융위기로 인해 내부자거래 insider dealing 를 비롯하여 대형 금융기관 내부에서 벌어진 각종 불법 행위들이 수면 위로 드러나면서 범죄 행위 방지 의무 등을 포함하여 금융기관의 관리 책임자에 대한 의무 요건이 더욱 강화되었다. 근본적으로 금융 서비스 산업 자체가 본질적으로 은행을 포함하여 금융기관에 대한 고객의 신뢰를 기반으로 이루어지게 되어 있음에도 불구하고, 그동안 기업 내부에서 벌어지는 무분별한 위험 부담 excessive risk taking 을 포함하여 각종 부정 행위에 대한 감시 및 사전 단속 장치가 미비하였다는 점에 대한 지적은 준법감시인을 포함하여 관리책임자 개개인에 대한

의무 요건 강화로 이어졌다.[59]

금융시장에서의 막대한 규제 비용의 증가는 대규모 자본과 인력을 보유하고 있는 대형 금융기관들에게도 부담으로 작용하지만 특히 중소형 규모의 기업들에게는 사업 운영 자체에 직접적인 영향을 미치는 요인이 되고 있다. 무엇보다 글로벌 금융위기 이후 이전보다 강화되었거나 새로 도입된 규제들은 대체로 금융시장 전체의 건전성에 영향을 미칠 수 있는 시스템적으로 중요한 대형 금융기관들 Systemically Important Financial Institutions(SIFIs) 의 사업운영 방식을 대상으로 하여 고안되었다. 그렇기 때문에 상대적으로 전통적인 방식으로 특화된 중개업무를 운영하는 소규모의 금융기관들에게는 새롭게 적용되는 복잡한 기준들이 규제 이행 비용을 크게 증가시키는 부담 요인으로 작용하게 된다.[60] 금융시장의 원활하고 건전한 작동을 위해 고안되고 적용되어야 할 규제가 오히려 기업의 운영을 제약하는 장벽으로 작동하는 역효과가 발생하는 것이다.

이런 문제점에도 불구하고 이러한 규제 환경의 변화가 전 세계 경제를 곤두박질치게 만들었던 글로벌 금융위기가 드러낸 심각한 문제들에 대한 대응이라는 논리로 진행되고 있다는 점에서 볼 때 앞으로도 규제 강화 및 정밀화 작업은 지속될 가능성이 높다. 장기적 관점에서 볼 때 금융 규제 체계가 글로벌 금융위기 이전으로 돌아가는 것은 불가능할 뿐 아니라 전체 시스템의 건전한 운영을 위해서도 바람직하지 않다. 문제의 핵심은 규제를 강화하느냐 느슨하게 하느냐가 아니라 감독기관들이 얼마나 일관되고 효율적인 방식으로 필요한 규제를 만들고, 규제 대상인 기업들이 이를 효과적으로 준수하도록 안내할 수 있는 역량을 갖고 있는가에 있다. 다시 말해 반드시 규제 당국은 필요한 규제를 적용하되 해당 기업들이 효과적으로 이를 준수할 수 있도록 절차와 내용을 간소화하고 규제 이행 과정을 효율적으로 관리하는 것이 필요하다. 규제 환경의 변화가 이미 시작된 이상 기업의 입장에서도 규제 강화에 대해 무조건 부정적으로 인식하는 것이 아니라, 그 누구보다 신속하고 효과적으로 변화에 적응할 수 있도록 새로운 접근 방식과 대응 방안을 마련하는 것이 중요한 것이다.

글로벌 금융시장에서는 규제 당국이 얼마나 효율적이고 일관성 있는 규제 시스템을 갖추고 있느냐가 해당 금융시장의 수준과 성장 잠재력을 대변해 주는 핵심적 요인 중 하나로 인식된다. 그런 측면에서 글로벌 금융위기 발생 이전에는 지나치게 방관적이고 자율적인 규제 시스템이 문제의 원인을 제공했다면 위기 발생 이후에는 동일한 잘못이 반복되는 것을 방지하기 위해 고안된 새로운 규제 시스템이 지나친 규제 비용의 증가로 인한 또 다른 부작용을 불러일으킬 가능성이 있다는 점을 간과해서는 안 될 것이다.

|표 6-1| 글로벌 금융 기관이 준수해야 하는 주요 규제 이슈

주요 글로벌 금융 규제	영역
Anti-Money Laundering (AML)	자금세탁 방지
Know Your Customer (KYC)	고객 신원확인절차
Market Abuse Regulation (MAR)	시장남용 규제체계
Basel III	은행자본 건전성규제
Alternative Investment Fund Managers Directive (AIFMD)	대체투자펀드 운용자지침
General Data Protection Regulation (GDPR)	데이터보호 일반규제법
Revised Payment Services Directive (PSD2)	결제서비스지침 개정안
Markets in Financial Instruments Directive II (MiFID II)	금융상품 투자지침
Solvency II	보험사 건전성기준
Senior Managers and Certification Regime (SMCR)	고위관리자 및 인증제도
Securities Financing Transactions Regulation (SFTR)	증권금융거래 규제
IFRS 17	국제보험회계기준

자료: Global RegTech Summit(2019)[61]

이렇게 글로벌 금융위기 이후 가속화되고 있는 복잡하고 동시다발적인 규제 체계의 변화를 비롯해 포괄적 규제 환경의 변화에 기민하게 대응할 수 있는 기업 내 전문인력이 여전히 부족한 것이 사실인데, 이러한 현실적 제약은 규제 이행이 기업의 운영에 초래하는 부담을 증가시키는 핵심적 원인기도 하다. 과거와 같이 소수의 전문인력에 의존해 일률적으로 이뤄졌던 규제 준수 방식을 고수해서는 한층 복잡해졌을 뿐 아니라 급격히 변화하는 규제 위험을 효과적으로 관리하기 어렵게 되었다. 이러한 상황에서 규제 위험에 대한 종합적 이행의 정확도를 높이고 이에 소요되는 비용을 최대한 절감할 수 있는 효율적 해결 방안에 대한 기업들의 요구가 급증하게 된 것이다.

레그테크, 위기가 탄생시킨 또 다른 기회

흥미롭게도 바로 이렇게 전 세계적으로 빠르게 증가하고 있는 규제 비용이 혁신적인 아이디어와 기술을 보유한 핀테크 기업들에게는 오히려 새로운 서비스 영역으로서 사업의 기회를 제공해 주었다. 보다 낮은 비용으로 효과적인 규제 리스크 관리를 원하는 기업들을 대상으로 다양한 디지털 기술을 활용하여 효율적인 규제 관리 서비스를 제공함으로써 새로운 핀테크 서비스 영역을 개척한 것이다. 규제 Regulation 와 기술 Technology 의 합성어인 레그테크 RegTech 는 금융기관들이 직면한 복잡한 규제 관리 및 이행의 문제를 해결하기 위해 첨단 기술을 활용한 효율적 솔루션을 제공하면서 최근 수년간 새로운 핀테크 서비스 영역으로 빠르게 성장하고 있다. 레그테크라는 용어는 2015년에 영국의 금융당국인 금융행위감독청 Financial Conduct Authority(FCA) 이 핀테크를 통한 규제 감독 및 이행의 효율화를 추진하기 위한 목표를 발표하면서 사용하기 시작하여 수년 만에 글로벌 금융시장에서 높은 성장 잠재력을 가진 중요한 영역으로 자리잡았다.

실제로 2018년을 전후하여 유럽과 호주 등에서 EU의 GDPR 시행을 비롯한 주요 규제 환경의 변화가 가시화되면서 기업들의 규제 대응 움직임도 한층 분주해졌다. 다음 그래프를 살펴보면 글로벌 레그테크 투자 규모는 2014년에는 9억 2천만 달러에 불과했던 데 비해 2018년에는 44억 8천만 달러로 다섯 배나 증가했다(그림 6-3). 특히 2018년 레그테크 분야에 대한 글로벌 투자는 2017년 투자 규모의 두 배 이상으로 크게 증가했는데 이는 대규모 투자 건수가 늘어난 데 따른 결과이다.[62]

|그림 6-3 | 글로벌 레그테크 투자규모 변화 (단위: 백만 달러, 건)

	2014년	2015년	2016년	2017년	2018년
투자 규모	923.4	1,110.2	1,150.3	1,867.6	4,484.5
거래 건수	125	149	156	161	164

자료: FinTech Global(2019)

새로운 서비스 영역으로서 스타트업을 중심으로 빠르게 성장하고 있는 레그테크 서비스 영역은 인공지능, 머신러닝 등 첨단 IT 기술을 활용한 규제 관리 및 이행 절차의 자동화, 금융사기 방지를 위한 고객 신원확인절차(KYC)의 자동화[63] 등 규제 컴플라이언스의 핵심 영역을 중심으로 효율적 비즈니스 플랫폼의 제공에 이르기까지 다양한 분야로 확대되고 있다. 레그테크 분야별로 투자 규모를 살펴보면 현재까지 가장 많은 투자가 이뤄지고 있는 분야는 고객 신원확인절차(KYC) 및 자금세탁방지(AML) 관련 서비스 솔루션이다. 2014년에서 2018년 사이 이뤄진 레그테크에 대한 투자 중 고객 신원확인절차 관련 솔루션에 투자된 금액은 해당 기간동안 투자 총액 95억 달러 중 34.5%를 차지했다.[64] 그 외에도

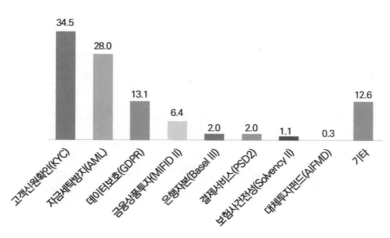

|그림 6-4| 레그테크 분야별 글로벌 투자 규모 (단위: %)

자료: FinTech Global(2019)
주: 100%=95억 달러

데이터보호(GDPR) 및 금융상품(MiFID2) 관련 규제 분야에 대한 서비스 솔루션에 대한 관심과 투자가 높은 것으로 나타난다(그림 6-4).

특히 최근 수년간 불거진 무분별한 데이터 수집과 활용에 따르는 법적 위험은 데이터보호와 관련된 규제 이행의 중요성을 더욱 부각시켰다. 기업의 활동이 방대한 데이터의 수집 방식에서부터 수집한 정보의 성격, 활용 가능 범위 등 데이터보호와 관련하여 한층 복잡하고 정교해진 규제에 위반되는 부분이 없는지를 정확히 판단하고 이와 관련된 불확실성을 제거해야만 기업이 보유하고 있는 데이터의 활용 가치를 극대화할 수 있는 것이다.

예를 들어 EU의 데이터보호 일반규제법 The General Data Protection Regulation(GDPR)은 개인정보처리에 관한 기술적, 관리적 조치 등 일반적 사항을 위반할 경우 1천만 유로(약 125억 원) 또는 전 세계 매출액 2% 중 높은 금액을 과징금으로 부과하도록 하고 있다. 데이터 국외 이전 규정 위반이나 개인정보 동의조건 등 정보처리에 있어 기업이 준수해야 하는 의무를 위반할 경우 최대 2천만 유로 또는 전 세계 매출액 4% 중 높은 금액을 과징금으로 부과할 것을 명시하고 있다.[65] 또한 기업의 책임성을 강화하기 위한 목적으로 기업이 민감한 개인정보의 대규모 처리를 하거나 체계적 모니터링을 해야 하는 경우에는 개인정보 처리 활동의 전반을 책임지는

|그림 6-5| EU의 데이터보호일반규제법 GDPR 시행

자료: Shutterstock

전문가로 데이터보호담당관 Data Protection Officer 을 별도로 지정하도록 하고 있는데, 이들은 기업 내에서의 업무상 지시와 독립되어야 하며 최고 경영진에게 직접 보고할 수 있는 권한을 받도록 하고 있다.66 예를 들어 개인 프로필을 대량으로 보유하고 있는 헤드헌팅 업체나 민감한 개인정보를 대규모로 처리하는 병원 또는 쇼핑몰도 데이터보호담당관 지정 의무를 갖게 된다. 법원을 제외한 공공기관 역시 이러한 규제에 적용된다.

우리나라와 같이 비EU권에 있는 기업이라도 EU 국가 주민의 개인정보를 처리하고 있는 경우에는 이 규제에 적용을 받게 된다. 예를 들어 EU 국가 내에서 사업장을 운영하고 있거나, 비록 EU 지역에 물리적인 사업장은 없더라도 인터넷을 통해 EU 국가의 주민에게 물품 또는 서비스를 제공하는 기업, 그리고 영업상 EU

국가 주민의 행동을 모니터링하는 기업의 경우에는 이 규정에 동일하게 적용받는다. 이 때문에 EU 회원국을 대상으로 EU에서 제정한 규제임에도 불구하고 결과적으로는 글로벌 시장에서 활동하는 금융기관에 전반적으로 적용되는 강력한 규제인 셈이다.[67]

실제로 2019년 1월 구글 Google 은 EU 국가인 프랑스에서 개인정보보호법 GDPR 위반으로 5,000만 유로 euro 의 과징금을 부과받았다. GDPR이 시행된 이후 첫 번째 거액의 과징금 부과 사례가 되었는데, 규제 당국은 개인정보사용 동의절차와 관련하여 구글 Google 이 사용자들에게 개인정보 수집방법을 복잡하게 설명하고 있으며, 특히 온라인 맞춤형 광고 서비스를 위해 개인정보를 사용하고도 해당 정보가 어떻게 활용되는지에 관한 내용을 충분히 설명하지 않았다는 점을 이유로 들었다.[68]

|표 6-2| EU 의 GDPR 적용 대상 기업이 정기적으로 관리해야 하는 정보 목록

✓	기업체 이름 및 연락처
✓	정보처리 사유
✓	개인정보 및 정보수집대상 분류에 대한 설명
✓	정보를 전달받는 기관의 분류
✓	국외 정보 이전 대상 국가 및 기관
✓	정보 삭제에 소요되는 기간(적용되는 경우)
✓	정보처리 시 사용되는 보안방침에 대한 설명(적용되는 경우)

자료: European Commission(2018)[69]

|그림 6-6| 레그테크의 규제 이행 지원 및 비용 절감 효과

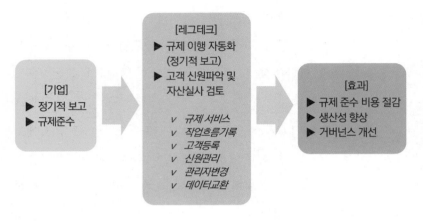

자료: World Government Summit(2018) 참고하여 재구성

이와 같이 한층 강화된 기업의 데이터 이용 관련 규제 위험에 대응하기 위해 레그테크 기업들은 고객의 개인정보 이용에 관한 합법적인 동의 수집을 위한 자동화 시스템을 제공함으로써 규제 준수에 관한 업무 부담 및 위험을 줄여 주고 있다. 동시에 고객에게는 자신의 정보가 어떻게 이용되고 있는지를 투명하게 모니터링하고 정보 사용 동의 여부를 본인의 의사에 따라 결정하거나 변경할 수 있는 플랫폼을 제공함으로써 효율적이고 합법적인 데이터 활용을 가능하도록 하고 있다.[70]

4차 산업혁명의 핵심 분야 중 하나라고 할 수 있는 빅데이터 big data, 데이터 분석 data analytics 등 데이터 관련 ICT 기술의 급속한 발전은 이와 관련된 산업의 발전을 가져왔을 뿐 아니라

그에 따른 체계화된 레그테크 솔루션 RegTech solutions 의 중요성을 한층 강화하는 결과를 가져왔다. 앞서 언급한 글로벌 금융규제가 강화되면서 규제의 고도화 및 구조적 변화에 따른 기업의 규제 준수 부담 증가가 레그테크에 대한 금융기관들의 관심을 높이는 직접적인 계기가 되었다면, 보다 넓은 관점에서 볼 때 글로벌 시장을 통틀어 전 산업분야에 걸친 광범위한 디지털화 트렌드를 효율적으로 활용하기 위해서는 개인정보보호, 정보보안 등의 영역에서 새롭게 발생할 수 있는 위험 및 규제 변동성에 효과적이고 능동적으로 대응하지 않으면 안 된다는 위기감 역시 레그테크에 대한 금융시장의 수요가 증가하는 원인이 되고 있다. 당장의 규제 위험을 경감하기 위해서는 물론이고 장기적으로도 금융시장에서의 경쟁력을 높이기 위해서 반드시 필요한 서비스로 주목받고 있는 것이다.

금융상품을 대상으로 하는 다양한 형태의 핀테크 서비스가 금융 서비스의 효율화를 가져온 것과 같은 맥락에서 레그테크는 기술을 활용한 보다 효율적이고 정확한 규제 분석과 이행 여부에 대한 확인 솔루션을 제공함으로써 지속적으로 성장 잠재력이 매우 높은 분야로 평가되고 있다. 뿐만 아니라 정보기술 영역이 계속 발전함에 따라 더욱 정확하고 정교한 규제 관련 분석이 가능해지기 때문에 적용할 수 있는 분야가 계속적으로 확장되고 있으며 관련 기술 및 서비스의 발전 가능성도 무궁무진하다고 볼 수 있다.

나날이 빠르고 복잡하게 변해 가는 규제 환경에 신속하고 정확하게 대응하기 위해서 레그테크 기업들은 클라우드 컴퓨팅 cloud computing, 블록체인 blockchain, 머신러닝 machine learning, 데이터 마이닝 및 애널리틱스 data mining & analytics, 예측 분석 predictive analysis, 시각화솔루션 visualization solutions 등 ICT 분야의 최신 기술을 활용하여 기업의 필요에 맞는 새로운 솔루션을 제공하고 있다.

|표 6-3| 레그테크에 활용되는 첨단 ICT 영역

Artificial Intelligence (Machine Learning) 인공지능 (머신러닝)	Automation / RPA (Robotics Process Automation) 자동화 (로봇 프로세스 자동화)	Big Data Analytics (Predictive Analytics) 빅데이터 분석 (예측 분석)
Cloud 클라우드	Blockchain 블록체인	Cryptography 암호화
Biometrics 생체인식	Smart Contracts 스마트 계약	오픈 플랫폼 Open API (Application Programming Interface)

자료: World Government Summit(2018)[71]

이러한 기술의 활용은 단순히 규제에 대한 이행 여부를 확인하는 것을 넘어서 새로운 서비스 분야를 찾아내고 그에 대한 정밀한 수요 분석 등 다양한 측면에서의 분석을 가능하게 해 준다. 서비스가 더욱 정교해지고 세분화되면서 기존에 존재하지 않았던 새로운 분야의 발전이 지속적으로 이뤄지고 있는 분야인 것이다.

|표 6-4| 레그테크 주요 서비스 분야별 분류

서비스 영역	주요 분야	해당 산업
규제 이행 Compliance	규제이행 현황 및 추후 도래 규제에 대한 실시간 감독	금융 서비스, 투자 펀드, 헬스케어, 뱅킹 등
신원 관리감독 Identity Management & Control	거래처 실사 및 고객파악절차, 자금세탁방지 및 부정행위 감시	금융 서비스, 뱅킹 등
위험 관리 Risk Management	규제이행 및 규제위험 검사, 위험노출도 평가 및 위험예측	투자펀드, 금융 서비스, 뱅킹 등
규제 보고 Regulatory Reporting	빅데이터 분석, 실시간 보고 및 클라우드를 통한 정보전달 자동화 및 규제보고	금융 서비스, 투자펀드, 보험 등
거래 감독 Transaction Monitoring	실시간 거래 감시 및 감사 솔루션, 블록체인기술 및 가상화폐를 통한 분산원장기술 활용	금융 서비스, 결제 및 송금 등

자료: Deloitte(2019)[72]

현재 레그테크 기업들의 주요 서비스 영역은 규제 보고 regulatory reporting, 위험 관리 risk management, 규제 이행 compliance, 신원 관리 identity management, 거래 감독 transaction monitoring 등 규제 및 감독과 관련된 다양한 업무 영역을 포괄하고 있다.[73] 그뿐 아니라 점차 새로운 영역으로 확대되어 가는 과정을 통해 금융 서비스 산업에 대한 규제 환경 및 감독 방식의 패러다임을 빠른 속도로 바꿔가고 있다. 특히 중소규모 기업들의 경우 복잡한 규제체계에 정확히 대응하기 어렵고 별도의 규제담당 시스템을 구축하기 위해서는 많은 비용이 소요되는 데 비해 레그테크 솔루션은 디지털 플랫폼을 통해 낮은 비용으로 정확한 정보 처리 및 실시간 검토가 가능하도록 서비스를 제공하기 때문에 지속적으로 서비스 영역이 확장되고 있다.

최근 글로벌 컨설팅 기업인 딜로이트 Deloitte 가 글로벌 레그테크 기업 289개를 대상으로 주요 서비스 영역을 조사하여 분류한 결과를 살펴보면, 금융기관의 규제 이행을 지원하는 솔루션을 제공하는 레그테크 기업의 수가 115개로 가장 많고, 신원관리(KYC, AML 등) 및 감독 분야의 서비스를 제공하는 기업의 수가 74개로 두 번째로 많은 것으로 나타났다(그림 6-7). 다만 서비스 분야의 세분화 및 기술 개발, 그리고 규제 이행 방식의 변화가 지속적으로 나타나고 있어 그에 따른 서비스 분야의 확대와 투자 형태도 계속해서 변화할 것으로 보인다.

이러한 레그테크 시장은 비단 금융 기업들만을 대상으로 하지 않는다. 금융감독기관들 역시 IT 기술을 통해 제공되는 규제관리 서비스를 통해 훨씬 적은 비용으로 감독업무를 수행할 수 있고 컴플라이언스 요건을 충족시킬 수 있다는 것이 바로 레그테크 서비스가 제공하는 새로운 가치이자 잠재력이다. 앞서 언급한 바와 같이 영국의 금융당국(FCA)이 레그테크라는 용어를

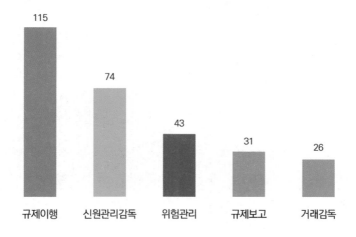

|그림 6-7| 레그테크 서비스 분야별 기업 수 (단위: 개)

115

74

43

31

26

규제이행   신원관리감독   위험관리   규제보고   거래감독

자료: Deloitte(2019)[74]

제시하면서 핀테크의 새로운 영역으로서 잠재력과 규제 관리 및 이행의 효율화를 위한 활용 가치에 대한 논의를 먼저 시작하였다는 점은 의미하는 바가 매우 크다.

글로벌 금융규제가 강화되고 각국의 규제 환경 역시 빠르게 변화함에 따라 금융감독기관의 업무 부담 역시 크게 증가했다. 규제 대상 기업의 수와 감독 영역이 늘어났고 동시에 핀테크와 같이 새롭게 생겨나는 영역에 대한 감독 및 지원 의무도 한층 강화되었다. 피감기관들의 규제준수 여부를 상시 모니터링할 수 있는 체계화된 시스템이 없이는 제대로 된 감독업무를 소화해 내기가 어려운 상황이기 때문에 체계화된 규제 보고 및 감독 솔루션에 대한 수요도 높아지고 있는 것이다. 이 때문에 컴플라이언스 자동화, 규제 알림 및 검색 서비스, 보고서 리포팅 자동화 등 일관되고 효율적인 감독업무를 위한 레그테크 서비스의 활용이 점차 늘어나고 있다.

실제로 핀테크 선진국들 사이에서는 레그테크의 발전과 활용에 관한 경쟁이 뜨겁다. 레그테크의 선두주자인 영국의 금융감독청(FCA)는 이미 2015년 말 레그테크 관련 공청회를 열고 향후 새롭게 도입되는 규제들을 기계적으로 인식 가능한 형태로 전환함으로써 레그테크를 활성화하겠다는 계획을 밝혔고, 캐나다의 온타리오 증권위원회는 스타트업들이 복잡한 규제 체계를 쉽게 이해할 수 있도록 돕기 위한 핀테크 중심의 규제 허브를 구축했다.[75]

글로벌 금융위기의 뼈아픈 교훈 중 하나가 바로 금융시장의 급속한 발전과 변화에 비해 효율적 감독 시스템을 구축하지 못하였었던 것임을 상기한다면 금융감독기관들이 레그테크를 오히려 기업들보다 더 적극적으로 활용해야 할 이유가 충분하다. 더 안전하고 공정한 금융 시스템을 구축해 나가는 역할을 제대로 해내기 위해서는 단지 강력한 의지와 열심이 아닌 실제적인 시스템과 도구가 필요하기 때문이다. 바로 레그테크가 그 역할을 위해 탄생한 것이다.

인슈어테크, 보험산업의 지각변동

인슈어테크 InsurTech 란 보험을 의미하는 영어 단어 인슈어 런스 Insurance 와 기술을 뜻하는 테크놀로지 Technology 가 결합하여 생겨난 새로운 용어로, 첨단 ICT 기술을 보험 설계부터 보험 상품 및 서비스 제공 방식에 적용하여 고객에게 더욱 맞춤화된 보험 서비스를 제공하는 핀테크의 주요 사업 영역의 하나이다. 인슈어테크 InsurTech 는 최근 가장 빠르게 성장하고 있는 핀테크 영역 중 하나이기도 하다.

전 세계적으로 인슈어테크에 대한 연간 투자 규모는 2014

|그림 6-8| 글로벌 인슈어테크 투자 규모 변화 (단위: 백만 달러)

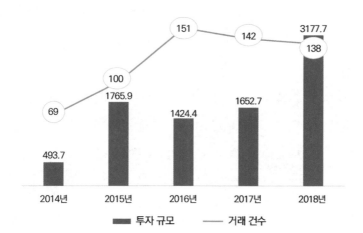

자료: FinTech Global(2019)

년에는 약 5억 달러에 불과했으나 2018년에는 30억 달러를 넘어서면서 5년 사이에 여섯 배나 증가했다(그림 6−8)[76]. 2014년부터 2018년까지 인슈어테크 기업에 투자된 총 금액은 85억 달러 이상으로 글로벌 인슈어테크 시장은 매우 빠르게 성장하고 있다. 투자 건수를 살펴보면 2018년에 발생한 인슈어테크 관련 투자 거래는 138건으로 2016년에는 151건, 2017년에는 142건이었던 데 비해 다소 감소했는데, 이는 투자가 감소했기 때문이 아니라 오히려 그 반대이다. 인슈어테크가 점차 활성화되고 인슈어테크에 대한 투자자들의 관심이 높아지면서 거래 건당 투자 규모가 계속 늘어나고 있기 때문이다.

이러한 변화는 인슈어테크에 대한 투자 규모의 변화를 살펴보면 좀 더 명확히 알 수 있다. 2천 5백만 달러 이상 규모의 인슈어테크 관련 투자 거래가 전체 거래에서 차지하는 비중이 2017년에는 12.4%였던 데 비해 2018년에는 18.8%로 증가했다(그림 6−9). 2014년까지만 해도 1백만 달러 미만의 투자가 전체 거래의 41.6%로 가장 큰 비중을 차지했던데 비해 2018년에는 1백만 달러 미만의 투자 비율이 5.1%로 크게 줄었다. 반면에 1천만 달러 이상 규모의 대형 투자가 차지하는 비중은 2014년에는 투자 총액의 20.7%에 불과했으나 2018년에는 47%로 두 배 이상 증가했다.

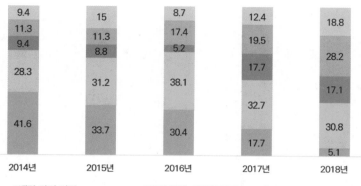

|그림 6-9| 글로벌 인슈어테크 투자 규모별 비중 변화 (단위: %)

■ 1백만 달러 미만　　■ 1백만 달러-5백만 달러　　■ 5백만 달러-1천만 달러
■ 1천만 달러-2천 5백만 달러　　■ 2천 5백만 달러 이상

자료: FinTech Global(2019)

　　지역별 시장 규모와 투자 현황을 비교해 보면 최근까지 미국과 캐나다를 포함하는 북미지역이 글로벌 인슈어테크 투자의 약 절반 정도를 차지하며 전반적인 거래를 주도해 오고 있다(그림 6-10). 유럽에서도 영국, 독일, 프랑스 등 주요 핀테크 허브들을 중심으로 인슈어테크 시장이 지속적으로 성장하면서 2018년에는 전체 거래의 1/3 이상이 유럽에서 이뤄진 것으로 나타났다. 반면 아시아 시장은 2014년부터 2018년 사이 투자 비중이 큰 변동없이 유지되어 오고 있다.

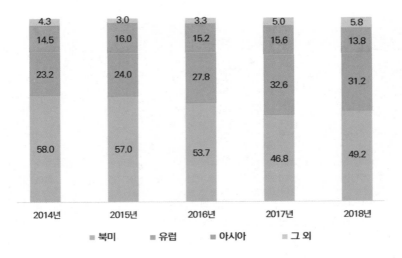

|그림 6-10| 글로벌 인슈어테크 투자에서 각 지역이 차지하는 비중 변화 (단위: %)

	2014년	2015년	2016년	2017년	2018년
그 외	4.3	3.0	3.3	5.0	5.8
아시아	14.5	16.0	15.2	15.6	13.8
유럽	23.2	24.0	27.8	32.6	31.2
북미	58.0	57.0	53.7	46.8	49.2

■ 북미   ■ 유럽   ■ 아시아   ■ 그 외

자료: FinTech Global(2019)

그렇다면 이렇게 빠른 속도로 성장하고 있는 인슈어테크는 어떻게 등장하게 된 것이며, 과연 앞으로 얼마나 더 성장할 수 있을까?

지난 수년간 디지털 플랫폼을 통해 고객의 편리함은 높이고 금융 서비스 이용에 드는 비용은 낮추는 고객친화적 서비스를 경쟁력으로 금융시장을 빠르게 재편하고 있는 핀테크와 마찬가지로 보험 서비스에 첨단 기술을 도입한 인슈어테크의 급속한 발달은 오랫동안 잠들어 있던 거대한 보험시장을 흔들어 깨우는 거부할 수 없는 지각변동을 불러 일으키고 있다.

 일반적으로 보험산업은 보수적인 금융 서비스 분야 중에서
도 유독 디지털 기술의 변화에 따른 영향을 크게 받지 않았을
뿐 아니라 오랜 기간 동안 상품 설명이나 가입 등의 절차를 보
험설계사가 직접 고객과 대면하여 처리하는 전통적 방식을 유지
해 왔다.[77] 인터넷과 모바일 환경이 발달하면서 보험설계사와
직접 만나거나 전화를 통해 가입 상담을 하는 대신 보험회사의
웹사이트나 애플리케이션을 통해 고객이 직접 자신의 정보를 입
력하고 선호하는 보험상품에 가입하는 형태인 "다이렉트 보험"
등이 출시되면서 비대면 채널을 통한 보험 가입도 일부 가능해
졌지만, 여전히 서비스의 많은 영역이 오프라인에서 이루어지고
있다. 보험이 금융산업에서 차지하는 비중이 큰 것은 물론이고
고객의 일상생활과 밀접한 연관을 갖고 있음에도 불구하고 여전
히 시장의 빠른 변화와 디지털 기술의 발달에 발맞추어 보험 상
품을 다각화하거나 서비스 방식을 효율적으로 전환하는 데 미진
하였던 것이 사실이다.

 이러한 비자동화 운영방식은 서비스 제공 단계에서뿐 아니라
보험에 가입한 고객이 보험금을 청구하는 과정에도 동일하게 적
용되어 오면서 소비자들이 보험 서비스에 불편을 느끼는 주요 요
인으로 작용해 왔다. 많은 경우 고객들은 계약 이전 단계에서부터

복잡하게 쓰여진 보험약관을 명확히 이해하기 어려울 뿐 아니라 계약이 체결된 이후에도 사후 보험금을 청구하기 위해서는 진료비 영수증 또는 보험 청구서 등을 일일이 제출해야 하는 번거로움을 감수해야 했다. 소비자들이 느끼는 이러한 일련의 서비스 관련 불편함은 보험상품의 필요성에 대한 의구심을 불러 일으키는 것과 함께 계약의 투명성에 대한 신뢰를 저하하는 주된 원인을 제공함으로써 고객과 보험사 모두에게 부담으로 작용해 왔다.

아무리 잘 계산되어 설계된 상품이라고 할지라도 일반 소비자들이 이해하고 활용하는데 불편함을 느끼는 한 이를 개발하고 판매하는 보험회사에도 결국은 부정적인 영향을 미칠 수밖에 없다. 소비자의 편의 증진이라는 절대적 목표를 만족시키지 못하는 한 아무리 현재 높은 시장 점유율과 시스템을 보유하고 있다고 하더라도 더 이상의 발전은 기대하기 어렵다.

조금 더 넓은 관점에서 살펴보면 보험상품의 구조와 보험금 지급의 투명성에 대한 소비자들의 불신이 팽배한 가운데, 경제 전반에서 보험업계의 역할에 대한 비판도 늘어나고 있다. 인구가 점차 고령화되고 소득격차가 증가하면서 사회경제적 안전장치로서 보험의 역할이 더욱 중요해지고 있음에도 불구하고, 이러한 문제들을 해결하는 데 보험업계가 이렇다 할 만한 혁신적인 대안을 내놓지 못하고 있는 것이다. 이러한 부분 역시 보험

산업에 대한 소비자들의 전반적인 신뢰를 떨어뜨리는 주요 요인으로 작용한다고 볼 수 있다.

그런데 최근 수년 사이 데이터 분석기술, 인공지능을 통한 금융 서비스에서의 로보 어드바이저의 활용 등 핀테크의 다각적이고 급속한 발달은 보험산업에도 새로운 도전과 함께 활력을 불어넣었다. 고객의 입장에서 더 좋은 상품을 더 낮은 가격에 더 편리한 방식으로 제공하는 것을 경쟁력이자 서비스 가치로 여기는 핀테크의 영향으로 보험업계도 상품의 개발에서부터 고객 서비스 채널의 운영에 이르기까지 서비스의 전 영역에 걸쳐 보다 고객친화적으로 변화될 것을 요구받게 된 것이다. 첨단 기술과 편리함으로 무장한 인슈어테크 서비스가 진부한 보험에 지쳐 있던 고객들의 마음을 사로잡으며 빠른 속도로 시장을 장악하고 있는 것이다.

동시에 인슈어테크의 발달에는 호주, 영국, 싱가포르 등 핀테크 선진국들이 첨단 기술을 활용한 새로운 보험상품 및 서비스의 개발을 촉진하기 위해 관련 규제를 완화하거나 규제의 부담을 일시적으로 경감하는 방식으로 새로운 서비스 영역을 허용해 주는 등 환경적 지원을 해주고 있는데 영향을 받고 있다.[78]

앞서 설명한 바와 같이 인슈어테크는 첨단 기술과 새로운 개념을 도입하여 보험 상품을 변화시키거나 서비스 제공 방식을 효율화하는 전략을 통해 고객층을 빠르게 확보해 나가고 있다. 블록체인, 인공지능, 사물인터넷, 빅데이터 및 머신러닝 등 최근 빠르게 발전하고 있는 첨단 기술은 보험 사업자들이 기존의 일률적 상품 제공과 아날로그식 서비스 제공 방식에서 벗어나 고객의 필요를 객관적으로 분석하고, 그에 적합한 형태의 보험 상품 및 관련 서비스를 제공할 수 있도록 기회를 제공하고 있다. 일례로 빅데이터 분석 기술을 활용하여 보험가입자의 생활 패턴에 대한 정보를 분석하고 그에 가장 적합한 보험 상품 및 가입 조건을 제시하거나, 과거에 고객 상담 및 자문에 소요되던 많은 인력을 인공지능이 탑재된 로보 어드바이저가 대체하면서 그에 따른 비용 절감으로 보험가입 비용을 낮출 수 있게 된 것이다.

|표 6-5| 인슈어테크에 활용되는 첨단 기술 및 개념

Micro-Insurance 소액보험	Blockchain 블록체인	P2P Peer-to-Peer
Robo-Advisory 로보 어드바이저	Gamification 게임화	Internet-of- Things (IoT) 사물인터넷
Usage-Based Insurance (UBI) 운전자성향보험	Big-Data / Machine Learning 빅데이터 / 머신러닝	Digital Platform 디지털 플랫폼

자료: McKinsey(2018)

사실상 보험은 다른 금융업계보다 핀테크로 인한 성장 잠재력이 무궁무진한 분야이다. 이는 현재까지 보험 분야에서 첨단 기술의 활용도가 다른 금융 서비스 분야에 비해 상대적으로 낮았기 때문에 그렇기도 하지만, 앞서 언급한 대로 보험은 상품 자체가 고객의 일상 생활과 밀접한 연관을 갖고 있기 때문에 "고객 맞춤형 간편 서비스 제공"을 핵심가치이자 경쟁력으로 하는 핀테크를 활용하면 서비스 제공에 소요되는 비용을 절감할 수 있을 뿐 아니라 전에 없었던 특화된 다양한 상품을 제공함으로써 고객 만족도를 높이고 이를 통한 새로운 수익 모델을 발굴할 수 있기 때문이다. 여러 가지 면에서 인슈어테크의 등장과 발전이 보험산업의 변화에 가져오는 가시적 영향력은 이제 겨우 눈에 보이기 시작했을 뿐이다.

이러한 변화는 사회경제적인 측면에서도 중요한 의미를 가진다.

실제 통계를 살펴보면 보험 혜택을 받지 못하는 인구 비율은 은행계좌를 통해 기본적인 은행 서비스를 이용하지 못하는 인구의 비율을 훨씬 상회한다. 이러한 현상은 개발도상국에서만 나타나는 것이 아니라 선진국에서도 동일한 패턴으로 나타난다. 예를 들어 미국의 경우 은행 계좌를 보유하고 있는 비율은 전체 인구의 95%인 반면 생명보험에 가입되어 있는 비율은 전체 인구의 60%에 불과하다.[79] 이렇게 낮은 보험 가입률에는 다양한 이유가 있지만, 무엇보다 보험이 제공하는 혜택은 불확실한 반면 가입자는 고정적으로 비용을 지출해야 한다는 차이점이 가장 중요한 원인으로 작용한다고 볼 수 있다.

보험이 제공하는 혜택이 불확실하다는 점은 불확실한 미래의 위험을 대상으로 보험금을 지불하게 되는 보험 자체의 특성 때문이기도 하지만, 다른 한편으로는 소비자들이 복잡한 상품구조와 약관 등으로 인해 자신이 가입했거나 가입할 가능성이 있는 보험상품의 편의성과 투명성에 대해 부정적인 인식을 갖고 있기 때문이라는 측면도 결코 배제할 수 없다. 이러한 점을 감안할 때 보험업계가 인슈어테크의 등장이 가져온 기술과 서비스의 변화를 통해 고객 중심의 더욱 효율적이고 편리한 보험 서비스를 제공하게 된다면 이로 인한 소비자의 혜택이 증가하는 것은 물론이고 금융산업의 중요한 축인 보험산업이 새로운 단계로 도약하는 기회를 맞이할 수 있다.

실제로 글로벌 컨설팅 회사인 PwC의 조사에 따르면 생명보험의 연간 보험료를 기본 1천 달러로 가정할 때, 생명보험회사가 미국 내 생명보험 가입자를 10% 늘릴 경우 약 160억 달러 규모의 새로운 시장을 조성할 수 있는 것으로 보고 있다. 기존의 보험서비스에 대한 불만과 필요한 서비스의 부재로 인해 잠들어 있던 잠재적 시장을 혁신적인 기술과 서비스로 깨울 수 있다면 잠들어 있던 새로운 기회를 창출할 수 있는 것이다. 또한 보다 낮은 비용으로 개개인에게 꼭 필요한 맞춤형 서비스를 제공할 경우 불필요한 비용이나 복잡한 절차로 인한 소비자들의 불편도 크게 개선되고 비용 효율성도 향상시킬 수 있게 된다.

인슈어테크의 서비스 전략

그렇다면 인슈어테크는 어떻게 고객들의 생각에 오래도록 뿌리 박힌 보험에 대한 불신을 덜어 내고 보장의 불확실성을 뛰어넘는 새로운 대안을 제시할 수 있을까? 인슈어테크 스타트업들이 선택한 가장 주목할 만한 두 가지 방식은 고도의 데이터 분석을 통한 고객맞춤화 서비스 전략과 모바일 기업과의 파트너십을 통한 서비스의 디지털화를 통한 비용절감 전략이다.

이러한 두 가지 큰 방향성은 실제 보험상품의 제공 단계에서는 하나로 결합되어 나타나는데, 블록체인 기술이나 사물인터넷을 통한 고도의 데이터 분석은 고객의 개별적 상황과 요구에

|그림 6-11| 인슈어테크 서비스 전략

최대한 적합한 상품을 제공할 수 있는 기반을 마련해 주었으며, 인공지능(AI)을 통한 로보 어드바이저의 활용은 기존에 수동적 방식으로 서비스를 제공할 때 소요되었던 비용을 크게 절감해 주면서 실제 고객이 부담해야 하는 비용을 획기적으로 낮출 수 있게 된 것이다.

사실상 개별 고객에게 맞춤화된 상품 및 서비스의 부재는 전통적인 보험 서비스의 가장 큰 약점이자 보험 서비스에 대한 고객들의 불만을 가중시켜 온 핵심 요인이었다. 개인별 사고 위험 확률은 천차만별임에도 불구하고 가입할 수 있는 상품의 구조나 가격은 대체로 일률적으로 적용되어 왔다. 보험은 원래 그런 것이라고 오랫동안 받아들여졌던 통념이 핀테크의 등장으로 대출, 결제, 투자 등 금융 서비스의 각 분야에서 고객들의 요구에 맞춤화된 한층 획기적이고 비용면에서도 효율적인 서비스들이 가능해지면서 더 이상 고객들의 요구를 외면하기 어려운 상황에 직면한 것이다.

컴퓨터통신기술 telematics 이나 사물인터넷 IoT 기술의 발전은 보험에 이러한 기술을 적용함으로써 개인의 필요에 맞춤화된 보험상품의 제공을 가능하게 하고 있는데, 이러한 변화는 특히 자동차보험이나 건강보험 등 개인 가입자들을 대상으로 하는 분야에서 두드러지게 나타나고 있다. 예를 들면 고객이 보험사가 제공하는 운행정보 측정기기를 차량에 설치하여 운전빈도, 속도,

주행거리, 급브레이크 횟수 등의 데이터 data 를 수집해서 보험사에 전송하고, 보험사는 일정 기간동안 수집된 해당 데이터를 분석해서 임시 할인을 결정하거나 특정 목표를 달성할 경우 할인율을 제공해 주는 것이다.[80]

실제로 미국의 자동차보험사인 프로그레시브 Progressive 는 스냅샷 Snapshot 이라는 모바일 앱을 통해 가입자의 실제 운전습관, 즉 급브레이크 횟수, 야간운전 횟수, 운전 중 휴대전화 사용 빈도수, 그리고 일정 기간 동안 운전횟수 등을 관찰한 뒤 이에 대한 분석을 토대로 개인별로 차별화된 할인율을 제공하고 있다.[81] 목표 달성을 통한 보험 할인율을 개인별로 차별화할 뿐만 아니라 이를 통해 더 안전한 운전습관을 형성해 갈 수 있다는 점을 강조하면서 고객의 생활패턴에 맞춤화된 정보를 제공하는 것이다(그림 6-12).

단순히 고정적인 상품을 판매하는 수준을 넘어서 상품의 판매에서부터 이용 과정까지 개인에게 맞춤화된 서비스를 제공함

|그림 6-12| 모바일 앱을 통한 개인화된 보험 할인율 적용 방식

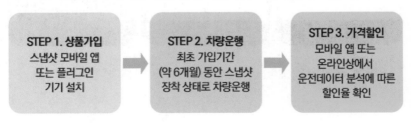

STEP 1. 상품가입
스냅샷 모바일 앱
또는 플러그인
기기 설치

STEP 2. 차량운행
최초 가입기간
(약 6개월) 동안 스냅샷
장착 상태로 차량운행

STEP 3. 가격할인
모바일 앱 또는
온라인상에서
운전데이터 분석에 따른
할인율 확인

자료: Progressive(2019.3.18 방문) 참고하여 작성

으로써 고객들의 만족을 향상시키고 새로운 차원의 고객경험을 창출하고 있는 것이다. 이러한 새로운 개념의 서비스는 기존의 자동차 보험이 운전자의 과거 운전경력 또는 일반적인 운전자들의 평균 보험율 등을 토대로 가입금액과 할인율이 산정되었던 것과 달리 개개인의 실제적 운전습관을 분석한 결과를 기반으로 할 뿐 아니라 가입 후에도 변동사항을 반영할 수 있도록 해준다는 점에서 편리함과 개별화를 선호하는 소비자들의 요구에 적합하게 대응하고 있으며 앞으로 나타날 더욱 개별화된 서비스 및 상품의 초기 단계에 불과하다고 볼 수 있다.

|그림 6-13| 모바일 앱 스냅샷의 개인별 운전 기록 데이터 수집 및 할인방식

자료: Progressive.
주: 시간대별 운전기록, 운전경로 및 운전습관측정, 할인율 향상 방법(왼쪽부터)

위의 사례를 통해 살펴본 자동차 보험과 마찬가지로 건강보험 분야에서도 유사한 방식으로 고객에게 맞춤화된 상품과 서비스 제공이 점차 활성화되고 있다. 고객들이 웨어러블 헬스케어 기기를 장착한 상태로 칼로리 소모율 등 개인 건강정보와 관련된 수치들을 측정한 뒤 해당 데이터를 보험사에 자동으로 전송하면 사전에 지정되었던 개인의 목표량 달성 여부에 따라 할인율을 달리하거나 추후 상품의 혜택을 조정하는 식의 개인화된 보험 상품들이 이미 제공되고 있다.

실제로 미국의 대표적인 인슈어테크 보험사인 오스카 Oscar 는 헬스케어의 방식을 획기적으로 전환한다는 비전으로 2012년 설립되어 스마트 워치 smart watch, 피트니스 모니터 fitness monitor 등 디지털 기기를 통해 개인의 건강습관을 측정하고 이를 바탕으로 보험 할인율을 적용하는 방식의 보험 서비스를 제공한다. 예를 들어 오스카 앱을 통해 고객들은 화상으로 의사와 상담할 수 있고 집에서 처방전을 받을 수 있으며, 진료가 가능한 의사 및 병원의 목록을 앱을 통해 한눈에 찾아볼 수 있다. 고객들은 앱 또는 컴퓨터를 통해 자신의 건강 상태를 기록하게 되며, 보험사는 나이, 지역, 수입 및 다양한 요인들을 종합한 리스크 알고리즘을 통해 분석한 결과에 따라 개인별 보험 금액을 책정한다.[82] 의사의 진료를 받기 위해서는 반드시 병원에 방문해야 하고 진료 후 보험금을 수령하기 위해서는 복잡한 정산 단계를 거쳐야 하는 기존의 보험 서비스에 비하면 획기적으로 소비자들의

|그림 6-14| 오스카 모바일 앱에서 제공되는 진료 상담 및
다양한 헬스케어 서비스

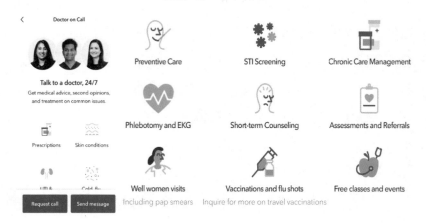

자료: Oscar(2018.3.18 방문)

편의를 향상시킨 서비스를 제공하는 것이다. 복잡한 절차와 서비스 이용 과정의 단순화는 자연히 운영 비용의 절감으로 이어지기 때문에 최종 단계의 소비자들이 부담해야 하는 비용 역시 줄어들 수밖에 없다.

인슈어테크를 활용한 오스카의 새로운 보험 상품 판매 및 서비스 제공 방식은 보험 가입부터 보험료 산정, 그리고 추가적인 의료 서비스의 이용까지 고객이 간소화된 절차와 낮은 비용으로 서비스를 이용할 수 있는 플랫폼을 제공함으로써 단기간에 뉴욕과 뉴저지에만 4만 명 이상의 가입자를 보유한 수천 달러 규모의 보험사로 성장했다. 그 외에도 블록체인 기술을 바탕으로 개인에게 맞춤화된 건강관리 정보를 제공하고 증강현실을 기반으로 한 재활훈련 기술 도입 등 첨단 기술을 활용한 다양한 의료 서비스를 제공하면서 보험 서비스 산업의 디지털 시대를 열어가고 있다.[83]

　비단 이러한 서비스뿐 아니라 첨단 기술을 상용화된 서비스에 접목할 수 있는 부분이 점차 늘어나면서 인슈어테크의 발전 영역도 제한 없이 늘어나게 될 것이다. 인슈어테크를 통한 보험 서비스의 새로운 발견은 고객들의 편의를 크게 향상시킬 뿐 아니라 보험업의 디지털화를 가속화함으로써 잠자고 있던 시장을 깨워 더욱 활성화하는 결과를 가져올 것으로 기대된다.

7장

메가뱅크의 트랜스포메이션: 생존을 위해 변화를 선택하다

메가뱅크, 핀테크와 손잡다

혁신적 아이디어와 효율적인 서비스로 금융시장을 장악하고 있는 핀테크 스타트업들의 등장만큼이나 놀라운 변화가 기존 대형 금융회사들 그리고 대형 IT 기업들 내부에서 일어나고 있다. 사실상 글로벌 금융시장에서 핀테크의 성장은 더 이상 새롭거나 놀랍거나 거꾸로 갈 가능성이 거의 없는 현상이다. 그런 의미에서 이제는 시장에 새로 진입한 핀테크 기업들의 사업 추이를 지켜보거나 이들을 위협적인 대상으로만 느끼는 데 그칠 금융 회사는 거의 없을 것이다. 반면에 핀테크가 금융시장 전반에 불러온 고객 중심의 금융 서비스에 대한 획기적인 변화를 수용하고, 기존의 서비스를 한 단계 더 업그레이드해서 더욱 경쟁력 있는 금융 서비스와 상품을 제공하기 위해 다각적인 노력을 기울이고 있는 것이다.

실제로 핀테크의 등장에 따른 금융산업의 구조적 변화는 "변화"라는 단어로 표현될 수 있는 것 이상의 지각변동을 일으키고 있다. 이러한 현상을 두고 은행권 내부에서는 이미 수백 년 간 독점적 기득권을 누려온 대형 은행들의 대량 멸종 mass extinction 이 이미 시작되었다는 진단도 나오고 있다. 1812년에 설립되어 200년이 넘는 역사를 자랑하는 시티은행 Citi Bank 의 글로벌소비자금융 CEO인 스태판 버드 Stephan Bird 는 2018년 홍콩에서 열린 홍콩 핀테크 위크 Hong Kong Fintech Week 컨퍼런스에서 "우리는 현재 멸종 단계 extinction phase 에 와 있는데, 우리가 경험하고 있는 변화는 점진적인 것이 아닌 획기적인 변화 epochal shift 이다"라고 언급했다.[84] 대형 금융회사들이 직면한 도전과 위기의식을 정확히 진단한 지극히 현실적인 표현이다.

전 세계적으로 금융 소비자들이 요구하고 있는 빠른 서비스 속도, 서비스 이용의 편리함 그리고 결정적으로 신뢰를 제공하지 못하면 더 이상 금융시장에서 설 자리가 없다는 인식은 새로운 관점이 아니라 이미 현실화된 기정 사실로 받아들여지고 있는 것이다. 당장의 수익은 크게 변하지 않더라도 장기적으로 볼 때 비즈니스 모델을 새롭게 바꾸지 못하면 시장 지배력을 상실해 가는 것은 시간 문제 일 뿐이다. 무엇보다 가장 큰 도전은 이러한 변화가 미처 준비할 틈도 없이 매우 빠른 속도로 이루어지고 있다는 사실이다.

실제로 2017년에 글로벌 컨설팅회사인 PwC가 핀테크가 금융 서비스 시장에 미치는 영향력을 알아보기 위해 1,308명의 금융기관 및 핀테크 기업 임원들을 대상으로 설문조사를 했는데, 그 결과에 따르면 금융회사의 88%가 혁신적 핀테크 스타트업의 등장으로 인해 기존 사업의 수익 악화에 대해 우려하고 있다고 밝혔으며, 77%의 응답자들은 이에 대한 대응 방안으로 금융 서비스에 인공지능 Artificial Intelligence 또는 블록체인 blockchain 기술을 도입하는 등 다양한 방식으로 내부적인 혁신 역량을 강화할 계획을 갖고 있다고 응답했다.[85] 변화하거나 사라지거나 선택은 둘 중 하나가 되어 버린 것이다.

흥미로운 것은 전체 응답자의 82%가 향후 3년에서 5년 간 핀테크 기업과의 파트너십을 강화할 것이라고 대답했는데, 국가별 격차는 크지만 응답자 중 이미 핀테크 기업과의 파트너십을 갖고 있다고 대답한 금융회사의 비율이 2016년에는 조사 대상의 32%였던 데 비해 2017년에는 45%로 크게 증가했음을 볼 수 있다. 많은 금융기관들이 핀테크의 도전에 대한 대응 방안으로 대부분이 스타트업인 핀테크 기업과의 파트너십을 선택하고 있는 것이

| 그림 7-1 | 국가별 핀테크 파트너십 현황 (단위: %)

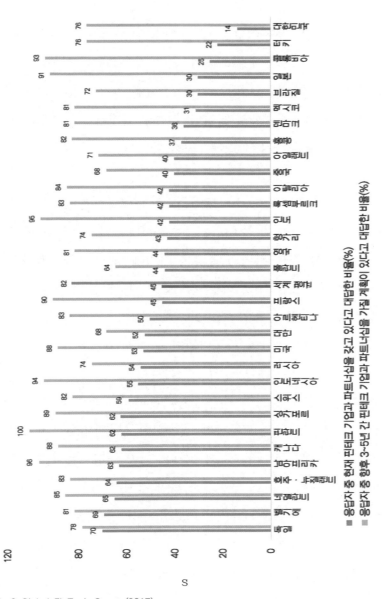

■ 응답자 중 현재 핀테크 기업과 파트너십을 갖고 있다고 대답한 비율(%)
■ 응답자 중 향후 3~5년 간 핀테크 기업과 파트너십을 가질 계획이 있다고 대답한 비율(%)

자료: PwC Global FinTech Survey(2017)

다. 이와 같은 핀테크 기업과 기존 금융회사와의 파트너십은 앞으로도 더욱 빠르게 늘어날 것으로 보이는데, 이러한 현상은 단순히 상호 경쟁을 경감하기 위해 서로 손을 잡음으로써 상생을 추구하는 것이 아니라 파트너십을 통한 전략적 제휴가 양측 모두에게 치열한 시장의 경쟁에서 살아남기 위해 절대적으로 필요한 핵심적 요소를 제공하기 때문이라는 점에 주목할 필요가 있다.

실제로 핀테크가 스타트업을 중심으로 금융시장에 등장했던 초기에는 동일한 소비자들을 대상으로 디지털 기술을 통해 보다 편리한 금융 서비스를 낮은 가격에 제공하면서 전통적 금융기관들을 위협하는 도전적 존재로 여겨졌지만 최근 금융 서비스 시장의 사업 구조와 변화를 살펴보면 전통적 금융기관들과 핀테크 스타트업 간의 파트너십이 눈에 띄게 늘어나고 있다.

현실적인 측면에서 기존 금융기관과 혁신적 핀테크 기업 간의 파트너십은 양측 모두에게 지속적인 성장을 위해 반드시 있어야 하는 핵심 요소들을 제공한다. 먼저 금융기관들은 핀테크 기업의 새로운 서비스 모델과 이들이 출시한 혁신적 금융상품을 기존 비즈니스 모델에 수용함으로써 이를 통해 복잡한 내부 구조적 한계를 극복하고 빠른 속도로 변화하는 소비자의 요구에 부합하는 서비스와 상품을 효율적으로 제공할 수 있게 되었다. 핀테크 스타트업과의 협업을 통해 변화에 필수적인 혁신적 아이디어와 역동성을 제공받을 수 있는 것이다. 세부적으로 들여다 보면 기존 금융기관들은 자신들이 보유하고 있던 소비자 층을 그대로 유지하면서 핀테크 기업들의 혁신적인 서비스 방식이나 기술을 통해 새로운 차원의 고객 경험을 가능하게 하고 있는데, 이와 같이 서비스 제공 방식을 단 기간 내에 혁신적으로 전환할 수 있도록 하기 위한 전략으로 핀테크 기업들과의 새로운 협력 모델을 만들어 가고 있는 것이다.[86]

이러한 협력 관계는 핀테크 기업들에게도 여러 가지 측면에서 필요한 자원을 제공한다. 핀테크 기업들은 기존 금융기관과의 전략적 파트너십을 통해 사업 확장에 필요한 자본을 안정적으로 제공받을 수 있을 뿐 아니라 공동의 상품 또는 서비스 개발 과정에서 금융기관이 보유하고 있는 풍부한 고객 데이터와 판매시장에 대한 접근권을 얻게 됨으로써 새로운 기술 개발과 테스트에 필요한 충분한 자원을 활용할 수 있게 된다. 이를 통해서 지속적인 기술 개발과 서비스 품질 향상이 가능해질 수 있는 것이다.

이러한 변화는 소비자의 입장에서도 매우 긍정적이다. 핀테크 서비스를 통해 더 다양하고 편리한 금융상품과 서비스가 가능해졌을 뿐 아니라 금융시장의 지배적 서비스 제공자들 역시 핀테크가 불러온 고객 중심의 새로운 서비스 패러다임을 수용하고, 기존에 제공되던 서비스를 경쟁적으로 업그레이드하고 있기 때문이다. 결과적으로 더 나은 금융 서비스를 제공받을 수 있는 가능성이 높아진 것이다.

디지털 에코시스템과 금융 혁신

대형 금융기관과 핀테크 기업 간의 이러한 전략적 협력은 사실상 선택이기보다 생존을 위한 필연적인 적응 과정이라고 보아야 옳을 것이다. 4차 산업혁명이라는 용어를 통해 한층 일반인들에게 성큼 다가온 산업 전반의 디지털화 현상은 이미 수년 전부터 금융뿐 아니라 제조업, 서비스업을 가릴 것 없이 빠른 속도로 산업 구조와 서비스 제공방식을 바꾸어 오고 있다. 금융은 그 자체로서 하나의 큰 산업이자 투자 자문, 자산 관리 등 독자적인 서비스를 제공하기도 하지만 본질적으로는 다른 산업의 생산이나 서비스 제공, 그리고 그에 대한 소비와 투자를 가능하게 하는 중개적 intermediary 역할을 한다는 점을 생각해 볼 때 전 산업 영역에 걸쳐 일어나는 디지털화와 자동화 현상에서 금융 서비스만 예외로 남을 수는 없는 일이다. 전 세계적으로 산업 및 비즈니스 에코시스템 전체가 디지털화를 통해 빠른 속도로 자동화되고 다양한 산업들이 더욱 유기적으로 연결되어 가고 있는 상황에서 금융 서비스만 이러한 흐름에 영향을 받지 않고 기존의 서비스 제공 방식과 형태를 고수한다는 것은 현실적으로도 불가능하다.

대형 금융기관과 핀테크 스타트업 간의
전략적 협력은 선택이기보다
생존을 위한 필연적 적응 과정이다

이미 시작된 디지털화에 의한 산업 전반의 구조적 변화가
금융 서비스의 방식과 역할에 어떤 영향을 미치고 있는지를 현
실적으로 가늠하기 위해서는 앞으로의 금융 서비스가 어떠한 맥
락에서, 그리고 어떠한 형태로 제공될 것인지를 예측해 보면 보
다 간단히 이해할 수 있다.

예를 들어 제조업 디지털화의 대표적인 경우인 스마트 팩토
리 smart factory 를 생각해 보자. 스마트 팩토리에는 센서 sensors 를
통해 작업 공정을 실시간으로 모니터링하여 수집된 데이터를 분
석하고, 그에 따라 현재 진행 중인 생산량과 재고를 결정하는
시스템이 구축되어 있다. 향후 더욱 정교한 수준의 인공지능
(AI)이 탑재되면 고객들의 소비 패턴과 산업 동향에 대한 보다
복합적이고 세분화된 분석이 가능해지는데, 이렇게 종합적으로
수집 및 분석된 정보를 통해 생산량과 품목을 실시간으로 조정
할 수 있게 되면 그에 따라 시스템적으로 연결되어 있는 금융기
관에 필요한 만큼의 자금을 자동으로 요청할 수 있고 금융기관

은 고객의 요청에 대해 자동화된 시스템을 통해 자금을 제공하거나 재정 건전성 여부에 대한 실시간 분석을 제공할 수 있게 되는 것이다.[87] 스마트 팩토리를 중심으로 확산되고 있는 전 생산 공정의 자동화 추세는 자금의 조달 및 자금 흐름의 예측 등 과거 금융기관이 제공했던 각종 서비스 역시 자동화 과정에 접목될 것을 요구하고 있는 것이다. 자연히 기존의 아날로그식 서비스에 대한 수요는 감소될 수밖에 없다. 만약 금융기관이 이러한 변화에 맞추어 디지털화된 효율적인 서비스를 제공하지 못할 경우 그러한 공급의 빈 공간을 발 빠른 핀테크 스타트업이 채우는 것은 단지 시간 문제일 뿐이다.

굳이 위와 같이 구체적인 시나리오를 생각해 보지 않더라도 이미 금융산업은 디지털화의 요구를 가장 많이 받고 있는 분야 중 하나이기 때문에 은행을 포함한 금융기관들의 디지털화 움직임도 사실상 매우 분주하다. 이미 산업 전 영역의 디지털화 진행으로 고효율의 자동화된 서비스가 가능해진 시점에서, 어느 기업이나 개인도 과거와 동일한 방식으로 서류를 손에 들고 은행 지점을 방문해 업무를 처리하기 위해 시간을 보내려고 하지 않을 것은 너무도 당연하다. 혁신적인 핀테크 기업들은 그러한 고객들의 요구를 정확히 인지하고 개인 또는 기업고객을 상대로 첨단 기술을 활용한 간편하고 자동화된 금융 서비스를 공격적으로 제시하고 있는 것이다. 이러한 현상이 단순한 은행 업무를 넘어 앞으로 산업의 전 영역으로 확산될 것이라는 점은 더 이상 예측의 대상이 아니라 이미 기정사실이 된 현실이다. 금융기관들은 그동안 확보해 온 독보적 시장 지배력과 자본력을 기반으로 어느 정도 기존 고객들을 유지하고 서비스를 운영해 나갈 수는 있겠지만, 새로운 금융 서비스와 상품이 끊임없이 개발되고 있으며 그로 인한 고객들의 금융 경험의 폭이 점차 확장되고 있음을 생각할 때 대형은행들의 변화는 더 이상 선택의 문제가 아니라 생존이 달린 사안인 것이다. 미래 금융의 관건은 누가 더 빠르고 더 안전하게 새로운 서비스와 비즈니스 모델을 제공할 수 있느냐에 있는데, 그것이 글로벌 금융위기 이후 쇠락의 길을 걷고 있는 많은 대형 금융기관들이 쇠퇴와 소멸의 위기를 딛고 새로운 모습으로 탈바꿈할 수 있는 유일한 방법이자 결정적 기회가 될 것이다. 금융 서비스 산업에 대한 오랜 고정관념과 익숙한 전통을 모두 내어 버리고 과감히 변신하지 않으면 안 될 순간이 온 것이다.

사실상 사물인터넷, 인공지능 등 첨단 기술을 통해 어느 때보다 빠르고 손쉽게 수집되고 있는 대량의 정보는 고객들의 생활 패턴과 그와 관련된 금융 서비스 활용도에 대해 그 어느 때보다도 구체적이고 수치화된 자료를 제공한다. 이러한 소비자의 행동에 관한 객관적 정보를 금융 서비스의 디자인과 제공 방식에 적용함으로써 얻을 수 있는 새로운 비즈니스 기회는 무궁무진하다. 디지털 기술의 발달은 고객들의 필요에 대한 예측 가능한 정보를 제공하고 있을 뿐만 아니라, 지속적으로 발달하고 있는 새로운 디지털 서비스의 활용에 따른 고객들의 생활 및 비즈니스 패턴의 변화는 이러한 변화에 적합한 더욱 편리하고 효율적인 금융 서비스에 대한 수요를 끊임없이 창출하고 있기 때문이다. 변화는 곧 새로운 기회의 공간이 되고 있는 것이다.

이러한 이유 때문에 이제는 전통적인 금융기관들도 첨단 정보통신기술을 도입하여 새로운 서비스 모델을 구축하거나 새로운 상품 제공 과정의 디지털화를 추진하면서 IT 기업과 유사한 비즈니스 모델을 찾아가고 있다. 흥미로운 것은 아마존이나 구글 같은 글로벌 IT 기업들이 자체의 기술력과 기존의 IT 비즈니스 모델의 특징인 새로운 고객경험 창조를 강조하는 서비스의 강점을 살려서 자체적 시스템을 활용한 금융 서비스를 제공하기 시작했다는 사실이다. 핀테크의 등장으로 금융과 IT의 경계가 허물어지고 새로운 비즈니스 모델이 탄생하는 현장에서 전례 없는 강력한 도전에 직면한 대형 금융기관과 새롭게 생겨나는 기회를 포착하고자 하는 대형 IT 기업들이 각기 변화를 시도하며 생존을 위한 치열한 경쟁을 벌이고 있는 것이다.

사실상 대형 금융기관들의 경쟁자는 비단 핀테크 스타트업뿐만이 아니라는 사실은 주목해야 할 필요가 있는 대목이다. 디지털화의 진전으로 이미 많은 산업 간의 경계가 허물어지고 있다는 사실은 금융 서비스의 제공이 더 이상 전통적인 의미의 금융기관들만의 전유물로 존재하기 어렵게 되었음을 의미하기 때문이다. 이미 구글 Google, 애플 Apple, 페이스북 Facebook, 아마존 Amazon 그리고 알리바바 Alibaba 와 같은 거대 IT 기업들이 일반 고객을 대상으로 하는 금융 서비스를 시작하면서 기존 은행의 경쟁자로 빠르게 추격해 오고 있으며, 그 외에도 정보통신회사, 대형 소매업자 등 비금융권 기업들이 결제 및 예금 서비스를 비롯해 기존에는 은행에서만 제공되었던 금융 서비스를 자신들이 제공하고 있는 서비스와 연결시켜서 고객들이 더 간편한 방식으로 금융 서비스를 사용할 수 있도록 새로운 서비스 모델을 개발하여 실행하고 있는 것이다. 특히 오늘날 소비자들이 밀레니얼 세대를 필두로 디지털 트렌드와 최신 IT 서비스에 영향을 많이 받는다는 점을 감안하면 대형 IT 기업들이 고객들의 서비스 활용도나 신뢰도 측면에서는 전통적인 금융기관보다 유리한 위치에 있다고 볼 수 있다.[88]

이러한 현상은 수백 년 간 강력한 규제로 보호받아 온 금융 산업이 과거의 기득권을 그대로 행사하기는 어려운 상황에 맞닥뜨렸다는 사실을 여실히 보여 준다. 금융위기로 인한 직접적인 제재 강화에 따른 부담 증가 이상으로 첨단 기술의 발전, 소비자의 편의 향상을 통한 새로운 가치 창출에 대한 시장의 요구, 그리고 소비자들의 한층 빨라진 서비스 간 이동 현상이 한데 맞물리면서 최대한 빠른 기간 내에 전례 없던 규모의 자체적 구조 개혁을 이뤄 내지 않으면 안 되는 것이다.

|그림 7-2| 금융기관 및 산업평균 디지털화 추진 동기

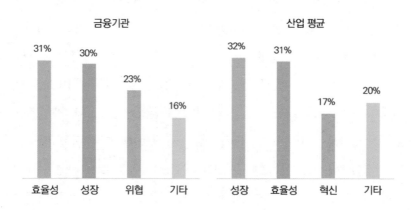

자료: Fujitsu(2018)
주: 16개국에 위치한 1500개의 기업을 대상으로 설문조사 한 결과임. 온라인 서비스만을 제공하는 기업은 조사 대상에서 제외(2018년 2월 시행).

이러한 비즈니스 환경의 변화와 함께 전통적으로 금융업이 정보에 민감할 수밖에 없기 때문에 첨단 디지털 기술의 발달에 큰 영향을 받을 수밖에 없는 구조를 갖고 있다는 점에도 주목할 필요가 있다.[89] 은행의 기본적 역할이 돈을 빌리고자 하는 개인 이나 기업과 돈을 빌려주고자 하는 개인 또는 기업 간의 중개자 적 역할을 하는 셈인데, 그렇다 보니 거래의 상대방이 신뢰할 수 있는지 여부를 파악하기 위해 다양한 정보를 수집하여 분석 하는 기능은 은행의 신뢰도와 업무 효율성을 높이는 데 매우 중 요한 요인으로 작용한다. 객관적인 데이터와 합리적 분석능력을 보유하는 것은 장점이 아니라 최소한의 유보 자금이나 전문인력의 보유와 마찬가지로 금융업을 운영하기 위한 필수적 요소 인 셈이다. 이렇게 본다면 첨단 ICT 기술의 등장과 발전이 불러온 핀테크의 출현과 그에 따른 금융 서비스업의 지각변동은 금융권에 있어서 새로운 도전이나 위협으로 받아들여지기보다는 더 나은 서비스와 금융산업의 진보를 위해 오랫동안 기다려 왔던 미래가 현실화된 것이라고 보는 것이 옳을 것이다. 물론 첨단 기술의 발전이 가져온 혜택을 얼마나 효율적으로 활용할 수 있는지 여부에 따라 이러한 변화가 가져오게 될 결과는 극명한 차이를 보이게 될 것이다.

전통적으로 금융 강국이자 지난 수년간 글로벌 핀테크 허브로 급부상한 영국에서는 비금융권의 테크 기업 tech companies 들이 **챌린저 뱅크** challenger bank 라는 이름으로 은행 인가 banking license 를 받는 사례가 계속해서 늘어나고 있다. 이러한 신 개념의 은행 사업자들은 기존의 오프라인 지점 및 ATM을 중심으로 복잡하게 이뤄졌던 전통적인 은행의 비즈니스 모델에서 탈피하여, 대부분 스마트폰 앱을 통해 비대면 방식의 간편하면서도 낮은 비용의 금융 서비스를 제공하면서 빠르게 시장을 장악해가고 있다.[90] 기존의 금융시장의 시스템과 전통적 서비스 구조에 도전하는 새로운 개념의 은행이라는 의미에서 붙여진 챌린저 뱅크라는 명칭은 핀테크의 부상에 따른 은행 업계의 변화를 잘 보여 준다. 챌린저 뱅크가 어떻게 등장했고 어떤 형태로 발전해 가고 있는지를 살펴보면 핀테크를 통한 새로운 비즈니스 모델과 서비스 방식이 은행업계를 어떻게 바꿔 가고 있으며, 앞으로 어떤 변화가 기다리고 있을지를 예측해 볼 수 있다.

앞서 여러 차례 언급한 바와 같이 이러한 변화는 하루 아침에 이뤄진 것이 아니다. 영국의 대표적인 여론조사 기관인 유고브 YouGov 는 글로벌 금융위기 이후인 2013년에 일반인들의 은행산업에 대한 신뢰도를 조사하는 설문조사를 실시했는데, 응답자의 84%가 "은행가들은 탐욕스럽고 greedy 지나치게 많은 보수를 챙긴다 get paid too much"라는 문구에 동의한다고 답했다.[91] 기존 은행들의 사업 구조에 대한 소비자들의 신뢰가 얼마나 무너져 내렸는지를 그대로 보여 주는 결과이다. 이와 같이 위기 이후 금융시장의 소용돌이가 가라앉으면서 금융시장 전반의 구조적인 측면에서의 안정성을 회복하는 데 성공했는지는 몰라도 기존 금융권에 대한 소비자들의 신뢰는 돌이킬 수 없이 손상되었다. 바로 여기에서 신속함과 편리함, 그리고 투명성으로 무장한 IT 기반의 챌린저 뱅크에 대한 수요가 발생한 것이다. 새로운 금융에 대한 소비자들의 요구는 영국은행 Bank of England 이 금융시장의 경쟁력 강화를 위한 적극적인 해법을 마련하기 위해 노력을 기울이는 과정을 통해서 소비자들이 실제로 이용할 수 있는 서비스로 자리 잡을 수 있게 되었다. 기존의 은행 인가에 필요했던 자본금 요건을 낮추고 단순화된 인가 신청 과정을 통해서 비금융권의 금융 서비스 제공자들이 소비자들에게 합법적으로 더 효율적이고 간편한 은행 서비스를 제공할 수 있는 기회를 열어 준 것이다. 이러한 신규 은행들의 공통적인 특징은 거의 대부분의 서비스를 디지털 채널을 통해 제공한다는 점인데, 모바일 기반의 서비스 시스템은 기존 은행들의 복잡한 IT 플랫폼을 필요로 하지 않기 때문에 비용면에서 효율적이고, 실시간 지출분석 등 개인화된 금융 서비스를 제공한다는 점에서 고객들의 요구를 만족시키고 있다.92 이와 같은 움직임은 정도의 차이는 있지만 핀테크가 빠르게 성장하고 있는 다른 금융시장에서도 동일하게 나타나고 있다. 번거롭고 불편하던 금융 서비스 방식에 대한 고객들의 불만을 디지털 기술 기반의 새롭고 참신한 서비스 방식을 통해 해소하면서 은행 서비스에 대한 개념을 바꾸고 빠른 속도로 고객층을 확보해 가고 있다.

디지털 기반의 신속하고 효율적인 금융 서비스를 무기로 등장한 챌린저 뱅크는 크게 세 가지 유형으로 분류될 수 있다.93 먼저 핀테크 스타트업을 주류로 하는 독립형 챌린저 뱅크 Standalone Challenger Banks 로 이들은 정보통신기술과 데이터 분석 기술을 통해 고객의 편의를 향상시키고 서비스 이용을 위해 고객이 부담해야 하는 비용을 낮추면서 보다 단순화된 금융 서비스를 제공하는 것을 목표로 한다. 앞서 언급한 바와 같이 독립형 챌린저 뱅크가 가장 활발하게 활동하는 곳은 영국인데, 이는 금융당국이 은행들 간 경쟁을 촉진하여 소수의 대형 은행이 금융시장을 독점하는 것을 방지하기 위해 적극적인 규제 완화 정책을 펼친 결과이다. 독립형 챌린저 뱅크는 주로 직불카드, 외화 송금 등 특정 금융 서비스에 집중하면서 기존 은행 서비스와의 차별화를 이끌고 있다. 이들은 모바일 환경에서 금융 서비스를 제공하는 데 지점 기반의 은행들과 차별성을 위해 디지털 네이티브인 밀레니얼 세대가 추구하는 간편함과 비용 효율성이라는 가치를 만족시키는 데 주력하고 있다.

두 번째 유형은 금융기관이 기술에 대한 투자와 서비스 개발을 통해 새로운 디지털 은행을 설립하는 기관형 챌린저 뱅크 Incumbent Challenger Banks 이다. 전통적 의미의 지점 기반 은행들이 핀테크의 급속한 부상과 함께 최근 수년 사이 고객들의 디지털 서비스 요구가 급증함에 따라 기존의 오프라인 서비스와는 별개로 모바일 환경에서만 제공되는 별도의 모바일 은행을 설립하여 운영하는 경우를 가리킨다. 영어 표현을 유심히 들여다보면 현직 또는 현재 소유자를 의미하는 "Incumbent" 라는 단어와 도전자를 의미하는 "Challenger" 라는 단어가 서로 모순되어 보이지만, 스타트업과 유사한 방식으로 새로운 기술을 적용하여 새로운 플랫폼에서 독립적인 고객층을 대상으로 편리한 금융 서비스를 제공한다는 점에서 기존 금융기관에서 제공되던 금융 서비스와 차별성이 분명 존재한다. 대형 은행들이 기존 조직을 한 꺼번에 뒤바꾸는 것은 어렵지만 그렇다고 핀테크가 불러온 변화를 거부할 수는 없다는 두 가지 문제를 해결하기 위한 방안으로 기존 서비스를 그대로 유지하면서 별도의 핀테크 전용 서비스인 모바일 기반 은행을 출시한 것이다.

비록 기존 금융기관이 소유하고 있지만 이러한 챌린저 뱅크의 비즈니스 모델은 핀테크 서비스의 특징에 맞도록 기존 금융기관의 비즈니스 모델과는 다른 방식으로 운영된다. 모든 고객을 모바일 서비스 채널로 이동시키는 것이 아니라 우선적으로 디지털 변화에 민감한 고객층을 대상으로 별도의 모바일 뱅킹 서비스를 제공하는 것이다. 다시 말해 기존의 오프라인 서비스의 디지털화를 추진하는 것과는 달리 아예 모바일 환경에서 비대면 서비스로 이뤄지는 새로운 독자적 핀테크 서비스를 운영하고 있는 것이다.[94] 실제로 이러한 서비스에 대한 수요는 이미 오래전부터 있어 왔는데 최근 핀테크의 성장에 따른 금융시장의 경쟁이 한층 치열해지면서 더욱 가속화되고 있다고 볼 수 있다.

네덜란드 암스테르담에 본사를 둔 글로벌 은행 ING가 지분을 100% 보유하고 있는 모바일 뱅킹 서비스인 ING－DiBa는 이미 2003년부터 이러한 서비스를 시작해 왔는데 2018년 기준 보유 고객 수가 880만 명에 이른다.[95] BNP Paribas가 2013년 개

시한 모바일 뱅킹 서비스인 헬로 뱅크 Hello Bank 도 빠른 속도로
고객층을 확보해 가고 있는데, 2018년 기준 독일에만 150만 명
의 고객을 두고 있으며 5개 국가에 걸쳐 250만 명의 고객을 확
보했다. 이러한 기관형 챌린저 뱅크는 기존의 금융기관들이 새
로운 형태의 독립적인 모바일 뱅킹 서비스를 제공한다는 측면에
서 핀테크 스타트업의 등장에 따라 금융기관들이 어떻게 변화하
고 있는지를 잘 보여주고 있다.

마지막 세 번째는 애플, 구글, 아마존 등 거대 IT 기업 또는
통신사들이 자신들이 보유하고 있는 고객층과 독보적인 기술력
및 네트워크를 활용하여 새로운 금융 서비스를 제공하는 ICT형
챌린저 뱅크 Big-Tech & Telco-Led Challenger Banks 이다. 아마존,
페이스북, 애플, 알리페이 등으로 대표되는 대형 IT 기업들은 기
존에 자신들이 제공하던 IT 기반 고객 서비스와 통신 서비스에
이용되던 기술 및 커뮤니케이션 역량을 금융 서비스와 연결시켜
서 기존 고객들이 이미 사용하고 있던 IT 또는 통신 서비스의
확장된 개념으로서 자체적인 금융 서비스를 이용할 수 있도록
새로운 서비스를 개발하면서 디지털 네이티브 세대를 포함하여
빠르게 변화하는 디지털 환경에 이미 익숙해져 있는 고객들을
대상으로 빠른 속도로 사업 영역을 확장해 나가고 있다.

자체적 계좌 발급, 온라인 마켓 운영, 채팅 및 검색엔진 서

비스에 결제 서비스 기능을 부가하는 것 등 현재까지 나타난 결합형 서비스의 형태는 앞으로 이러한 ICT형 챌린저 뱅크가 제공하게 될 금융 연관 서비스의 극히 일부에 불과하다. 금융에 대한 고객들의 새로운 필요가 늘어나고 활용 가능한 기술 및 서비스 방식이 계속해서 개발됨에 따라 기존에 ICT 기업이 제공했던 서비스 영역과 연결된 새로운 형태의 금융 서비스를 제공할 수 있는 가능성은 무궁무진하다. 최근에 테크핀 Tech Fin 이라는 새로운 용어가 크게 주목받는 것도 바로 이 때문이다.

핀테크가 금융에 IT를 접목한 것을 의미한다면 테크핀은 단어의 뜻 그대로 IT에 금융을 접목한 것을 의미한다. 언뜻 보면 단어의 앞뒤 순서만 바꿔 놓은 것 같지만 핀테크는 금융에 기술의 옷을 입혀 새로운 차원의 금융 서비스를 만들어 낸 것이라면 테크핀은 기술에 금융의 기능을 부착해서 금융을 기술 서비스의 일부로 편입시킨 것이라는 측면에서 분명한 차이점이 존재한다. 핀테크가 금융 업계의 새로운 산물이라면 테크핀의 중심 축은 IT 기업들이다. 테크핀이 성장하게 되면서 결과적으로 금융기업과 IT 기업 간의 경쟁이 한층 가속화되고 있다고 볼 수 있는데 어떤 산업이 기반이 되고 어떤 기술이 활용되는지 여부를 떠나서 누가 더 효율적인 방식으로 고객의 마음을 사로잡을 수 있느냐가 결국 누가 금융을 주도하게 될 것인지를 판가름하는 결정적 요인이 될 것이다.

이러한 대형 IT 기업들은 자신들이 기존에 보유하고 있던 기술적 강점과 독자적인 고객층을 기반으로 빠른 속도로 금융 서비스 시장에 침투하고 있다. 본질적으로 편리하고, 다양하고, 색다른 고객 경험을 중요시하는 IT 기업의 서비스 방식은 기존의 금융기관이 제공할 수 있는 것 이상으로 개인의 취향과 생활 습관에 맞춤화된 통합적인 금융 서비스의 제공을 가능하게 하면서 금융 서비스 시장의 구조를 바꿔 가고 있다. 이들은 은행과 같은 서비스 제공자가 되는 것을 목표로 하기 보다는 자신들의 서비스 제공 방식을 그대로 유지하면서 그 시스템 하에 금융 서비스를 연결시키는 방식을 추구한다는 점에서 금융 서비스의 패러다임을 바꾸는 데 결정적인 역할을 하고 있는 것이다.

이와 같이 다양한 유형의 챌린저 뱅크들은 모두 기존의 수동적인 금융 서비스 제공 방식과 비즈니스 모델을 뒤흔드는 새로운 접근 방식을 경쟁력으로 각각의 서비스 형태 및 강점에 부합하는 고객층 확보에 주력하고 있다는 점에서 공통점을 갖는 한편 어느 시점에서는 상호 협력과 융합을 통한 제3의 접근법을 제시하게 될 가능성도 존재한다. 이는 지금까지 핀테크의 성장과 금융시장에서 벌어지는 혁신적 구조조정 과정을 관찰할 때 충분히 가능한 예측인데, 문제의 핵심은 이러한 변화가 일어날 것인가 여부가 아니라 누가 더 먼저 더 효과적으로 변화의 주도권을 잡는가에 있는 것이다.

|표 7-1| 챌린저 뱅크 유형

유형	독립형 챌린저 뱅크 Standalone Challenger Banks	기관형 챌린저 뱅크 Incumbent Challenger Banks	ICT형 챌린저 뱅크 Big-Tech & Telco- Led Challenger Banks
주체	핀테크 스타트업	대형 금융기관	대형 IT 기업
특징	간소화 및 효율화 된 금융 서비스 제공	기존 금융기관 내 독립된 모바일 뱅킹 서비스 제공	기존에 제공하던 ICT 관련 서비스에 금융 서비스 연계
경쟁력	서비스 단순화 비용 절감	모기업의 시스템 및 데이터 활용	독자적 고객층 활용 ICT 연계 서비스
예시	STARLING BANK Atom bank monzo TANDEM Revolut	Hellobank! by BNP PARIBAS ING DiBa Die Bank und Du PEPPER.	kakaobank 网商银行 MYbank WeBank

자료: Citi GPS(2019) 참고하여 작성. 로고는 각 사 홈페이지 참고.
주: 괄호 안은 각각의 챌린저 뱅크를 운영하는 금융기관 또는 ICT 기업임.

IT 기업으로 변신하고 있는 대형 은행들

이러한 변화의 핵심에는 이제는 금융 서비스도 개별 거래 중심이 아닌 고객 경험 중심으로 재편되어야 하며, 이를 위해서는 철저한 고객 데이터 분석에 기반한 서비스 방식의 전환이 이뤄져야 한다는 인식이 자리하고 있다. 과거에는 은행들이 개별 거래에 집중된 비즈니스 모델을 운영해 왔다면, 최근 수년간 고객의 편의를 극대화하는 핀테크 기업들의 빠른 시장 점유는 은행의 비즈니스 모델을 개별 거래 중심이 아닌 소비자 경험을 중심으로 상품구조, 운영방식, 그리고 기술지원의 모든 과정을 총체적으로 재구성할 것을 요구하고 있다.[96]

IT 기업들이 첨단 기술을 활용하여 고객의 생활패턴에 대한 분석을 기반으로 한 맞춤형 서비스를 제공하면서 디지털 기반 서비스에 대한 소비자들의 기대치를 향상시킨 데 그치지 않고 이제 이러한 방식으로 금융 서비스까지 제공하겠다고 공언한 마당에 더 이상 고객들이 오프라인 지점 중심의 기존 은행 서비스에 만족할 것으로 기대하는 것은 거의 불가능하기 때문이다. 특히 구글, 아마존 등 글로벌 IT 기업들이 제공하는 앱 기반의 개인에게 맞춤화된 서비스 인터페이스의 등장과 빠른 확산은 수년 내 은행이 단순히 계좌를 제공하고 예금을 맡아 주는 수동적인 비즈니스로 전락하지 않기 위해서는 디지털화에 발맞추어 소비자들의 필요를 적극적으로 채워 주지 않으면 안 된다는 위기감을 불러일으키면서 아예 IT 또는 소프트웨어 기업으로 변신하겠다고 공언한 대형 은행들도 늘어나고 있다.

대형 IT 기업들과의 경쟁에서 살아남기 위한 은행들의 변신은 다양한 각도에서 이뤄지고 있다. 현재의 시스템을 완전히 뒤

엎지 않고도 고객경험을 획기적으로 향상시키기 위해 많은 글로벌 은행들은 기존에 제공되던 개별 서비스 간의 연계를 강화하고 첨단 기술의 활용을 통해 서비스의 디지털화 수준을 높이기 위해 심혈을 기울이고 있다.

예를 들어 포르투갈 은행인 BPI는 고객의 편의를 향상하고 업무처리의 효율성 강화를 위한 오프라인 지점의 변화를 위해 창구업무의 100% 자동화, 업무처리의 100% 디지털화, 그리고 업무시간 연장 및 셀프 서비스 self-service 영역 확대 등을 목표로 디지털 트랜스포메이션 digital transformation 전략을 추진하고 있다.[97] 업무의 자동화를 통해 기존에 단순 업무를 처리하던 창구 인력을 줄이고 고객들의 필요에 따라 직원들이 오프라인과 모바일상에서의 업무처리를 병행할 수 있도록 조정했는데, 이미 2018년 10월 기준 창구 업무의 절반이 모바일로 이뤄지고 있으며 계좌 거래 관련 업무의 91%가 셀프 서비스로 전환되었다.[98] 추후 창구업무의 100% 자동화 서비스 구축이 완료되면 주 7일 / 24시간 서비스 이용이 가능해질 것으로 보고 있는데 이러한 전환은 시간적, 물리적 제약에 따른 오프라인 지점의 문제점을 크게 개선할 수 있다는 점에서 필연적인 변화로 받아들여진다.

또한 BPI는 디지털화 추진 전략의 일부로 고객들이 자신의 계좌잔고, 거래내역, 예금, 투자, 신용정보 등 은행업무와 관련된 모든 정보를 한번에 확인할 수 있는 옴니채널 커뮤니케이션 피드 Omnichannel Communication Feed 를 운영하고 있는데, 단지 모바일 앱뿐만 아니라 태블릿, 노트북, 심지어 오프라인 지점을 통해서도 동일한 인터페이스를 통해 동일한 정보를 제공받을 수 있다는 점에서 다양한 채널 간의 호환을 통해 서비스 활용의 편의를 크게 향상시킬 수 있는 방법으로 주목받고 있다.[99] 이러한 다 채널 간의 연계 및 동일한 서비스 제공은 모바일이나 오프라인 서비스 선택에 따른 이용 방식 및 제공되는 서비스 간의 단절을 막고 고객들의 불편함을 최소화하여 선택의 폭을 넓혀 준다는 점에서 쉽게 실현 가능하면서도 효율성을 높여 줄 수 있는 변화의 방향성으로 볼 수 있다.

그런데 이러한 은행 내부의 서비스 간의 연계는 개별 은행 단위에만 국한되는 것이 아니라 고객의 필요를 중심으로 거래와 관련된 모든 요소들을 한 데 연결하는 새로운 에코시스템을 형성하는 방향으로 발전해 가고 있다. 여기에 은행 서비스의 미래 경쟁력이 있다고 볼 수 있다. 예를 들어 주택을 구매하기 위해 은행에서 대출을 받는 경우를 생각해 보자. 과거 전통적인 은행의 역할은 단순히 주택 구매에 필요한 자금을 빌려주는 데 있었다면 앞으로는 고객이 대출을 받은 이후 주택 구매에 관련된 다른 서비스, 즉 인테리어, 내부시공, 가구구입 등 고객의 입장에서 필요한 모든 서비스와 연결시켜 주는 형태의 새로운 서비스 플랫폼을 제공하는 방안이 논의되고 있다. 금융이 돈을 빌려주는 단순한 기능에서 더 나아가 보다 효율적이고 편리한 방식으로 새로운 부가가치 창출을 위한 서비스 플랫폼의 기능을 하도록 변형되어 가고 있는 것이다.

오프라인과 온라인 서비스의 연계를 통한 하이브리드형 서비스 제공 방식도 주목할 만하다. 중동의 은행그룹인 에미레이트 Emirates NBD 는 고객편의를 위한 은행 업무의 디지털화 요구와 이러한 변화에도 불구하고 여전히 오프라인 지점 방문을 통한 업무 처리가 필요한 고객들의 요구를 절충하기 위한 방안으로 2018년 5월부터 온라인과 오프라인의 하이브리드인 디지털 키오스크 Digital Kiosk 의 운영을 시작했다.

'이지허브 Easy Hub'로 명명한 이 디지털 키오스크는 미국 오하이오주에 본사를 둔 글로벌 금융 소프트웨어기업인 디볼드 닉스도르프 Diebold Nixdorf 에 의해 개발되었는데 입출금과 같이 기존의 ATM을 통해 처리할 수 있었던 기본적인 기능을 넘어서 과거에는 고객들이 오프라인 지점을 직접 방문해서 진행해야만 했던 복잡하고 다양한 업무를 한 자리에서 간편하게 처리할 수 있는 미니 은행 mini bank 의 개념을 도입했다. 한마디로 은행 건물 안에서 이뤄지던 기능들을 축소된 부스 Booth 안에 넣어 버린 셈이다.

|그림 7-3| 하이브리드형 디지털 키오스크 이지허브

자료: Fintech Futures(June 4, 2018)(좌), Emirates NBD(우)

또한 고객들이 아직 디지털 환경에 익숙하지 않거나 시스템 상에 제공되지 않는 서비스에 대해 문의하고자 할 경우를 감안하여 오프라인 채널로 연결할 수 있는 기능을 함께 추가하였다. 만약 고객이 키오스크를 통해 셀프 서비스 방식으로 필요한 업무를 진행하다가 은행 직원의 도움을 받아야 할 상황이 생기면 기기에 장착되어 있는 비디오 장치를 통해 은행 직원과 화상 대화를 통해 도움을 받을 수 있도록 한 것이다.[100]

금융상품의 판매 방식에 있어서도 기존 오프라인 지점의 기능이 디지털 채널로 대거 전환되고 있다. 스페인에 본사를 둔 글로벌 은행인 BBVA Banco Bilbao Vizcaya Argentaria, S.A. 는 최근 수년간 상품 판매에 있어서 지점을 통한 매출이 감소하는 반면 모바일 채널을 통한 판매액이 급증했다는 점을 감안하여 디지털 채널을 통한 금융상품 판매를 활성화하는 디지털 세일즈 digital sales 전략을 추진하고 있다. 은행의 활용 가능한 모든 채널, 즉 ATM, 온라인 및 모바일 앱 등을 통해 고객이 금융상품에 직접 가입할 수 있도록 디지털 판매 채널을 확대하고 있으며, 이미 2018년 기준 신규 상품 가입의 50%가 디지털 채널을 통해 이뤄지고 있다.[101]

유럽 최대 규모의 금융기관 중 하나인 BBVA는 이미 2015년부터 앞으로 소프트웨어 회사로 변화할 것이라고 공언한 바 있다. IT 기업들을 중심으로 금융 서비스 시장의 디지털화가 빠르게 진전되면서 은행 역시 생존 경쟁에서 살아남기 위해서는 결국 최신 소프트웨어의 개발과 효율적 활용이라는 기술 경쟁에서 우위를 차지해야만 한다는 현실을 그대로 보여 주는 대목이다.[102] BBVA의 이러한 발 빠른 디지털화 노력은 경쟁 은행들과 비교해서 상대적으로 양호한 효율성 비율(수익 대비 비용 비율)로 이어졌다. 2017년 기준 BBVA의 효율성 비율은 49.5%인 반면 도이치뱅크 Deutsche Bank 는 94.0%, 코메르츠뱅크 Commerzbank 는 86.3%에 달하는 것으로 나타났다(그림 7-4).[103]

높은 효율성 비율이 나타내 듯이 금융권의 디지털 뱅킹으로의 전환에서 경쟁자들보다 상대적으로 뒤쳐져 있던 도이치뱅크 Deutsche Bank 도 최근 디지털 소프트웨어 플랫폼 경쟁에 뛰어들

|그림 7-4| 글로벌 대형은행의 효율성 비율 비교(2017년 기준) (단위: %)

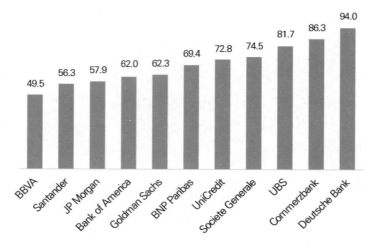

자료: 한국은행(2018), Bloomberg(2017)

었다. 2017년부터 시작하여 과거의 전통적 은행의 이미지를 벗어 버리고 금융 소프트웨어 플랫폼 시장을 선도하기 위한 전략을 펼치고 있는데 다른 금융 관련 기관들이 IT 환경 개선을 위해 자신들이 제공하는 시스템을 활용할 수 있도록 소프트웨어 코드를 공개하는 오픈 소스 open source 프로젝트를 추진하고 있다.104 이러한 플랫폼 선도 전략은 대형 은행이 경쟁력을 보유하고 있는 기존의 소프트웨어 기술 및 데이터 처리 능력을 활용하여 장기적으로 고객, 시스템 개발자, 핀테크 스타트업 및 관련 기업들을 포괄하는 금융 에코시스템을 주도할 수 있는 가능성을 제공한다는 점에서 대형 은행들이 디지털 환경으로의 전환 과정에서 살아남기 위한 핵심 전략으로 주목받고 있다.105

|그림 7-5| 디지털 뱅킹의 발전 단계별 특징 및 기능

자료: Deloitte Digital Banking Maturity(2018) 참고하여 재구성.

앞서 언급한 바와 같이 실제로 디지털 뱅킹을 선도하고 있는 금융기관들은 단순히 서비스의 디지털화 수준을 넘어서 오픈 뱅킹 및 뱅킹과 관련된 서비스 확장에서의 경쟁 우위를 다지기 위해 치열한 경쟁을 벌이고 있다. 아직까지는 기존의 전통적 은행 서비스를 자동화하고 오프라인 서비스의 온라인 및 모바일 상용화 추진에 관한 개발이 주류를 이루고 있지만, 디지털 뱅킹의 챔피온champions으로 불리는 선도적 글로벌 금융기관들은 디지털화의 진전에 따른 서비스 제공 환경의 변화에 주목하고 서비스 플랫폼 및 서비스 영역 확장을 통한 경쟁 우위를 선점하기 위해 핵심 역량을 기울이고 있는 것이다. 이제는 얼마나 획기적이고 효율적인 서비스나 상품을 제공하는가의 단계를 넘어서 누가 디지털 뱅킹 서비스의 플랫폼을 장악하고 주도하는가에

|그림 7-6| 디지털 뱅킹 에코시스템

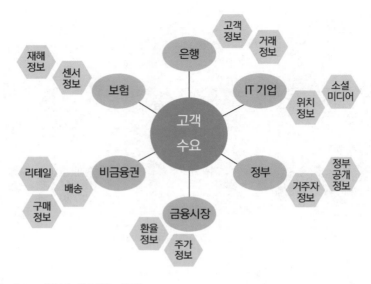

자료: Fujitsu(2018) 참고하여 재구성

경쟁력의 핵심이 달려 있다고 볼 수 있다. 결과적으로 디지털 트랜스포메이션의 거대한 흐름 앞에 앞으로 누가 그리고 어떠한 형태로 살아남는가를 결정하는 것은 얼마나 빠르게 변화된 환경을 수용하고 이에 적극적으로 적응해 가기 위한 노력을 기울이는가일 것이다. 전 세계적으로 금융권의 이러한 변화 움직임은 기존 금융 서비스업의 영역별 경계를 점차 허물고, 고객의 필요와 편의를 중심으로 새로운 에코시스템을 형성해 가고 있다(그림 7-6).

과거 금융시장에서 일률적인 자본 경쟁을 통해 대형 금융기관들이 시장을 독점적으로 장악하던 기존의 시장 구조와는 달리 서로 다르지만 관련된 서비스를 제공하는 각기 다른 주체들이 독창적인 방식으로 파트너십을 형성하거나 다양한 형태로 결합되는 과정을 통해 디지털 환경에 최적화된 새로운 모습의 금융 서비스가 가능해지고 있는 것이다.

디지털 기술의 발달로 인해 금융시장의 모든 플레이어가 하나의 운동장에 모여 선 셈이다. 아무리 수백 년의 전통과 명성을 자랑하는 대형 은행일지라도 이미 바뀌어진 현실을 인지하고 빠르게 변화하고 변신해야 생존할 수 있는 시간이 온 것이다.

과연 누가 살아남고 누가 사라질 것인가? 분명한 것은 앞으로 금융권에서 전에 없던 흥미로운 변화가 목격될 것이라는 사실이다. 지금까지의 변화는 그저 거대한 변화의 시작을 알리는 서막에 불과했을 뿐이다.

P·A·R·T

3

핀테크 에코시스템,
핵심을 잡아라

8장

핀테크 에코시스템,
핵심을 잡아라

핀테크 에코시스템의 핵심 요소

앞서 언급한 바와 같이 핀테크는 건강하고 효율적인 에코시스템 안에서만 무한한 성장 잠재력을 펼칠 수 있다. 이는 금융, 기술, 커뮤니케이션, 정보통신을 아우르는 핀테크의 융합적인 태생을 생각한다면 사실 너무도 당연한 사실이다. 그렇다면 핀테크 에코시스템을 구성하는 핵심 요소에는 어떤 것들이 있을까? 그저 막연하게 핀테크를 발전시켜야 한다고 주장할 것이 아니라 구체적으로 핀테크 에코시스템을 구성하는 핵심 요소에는 어떤 것들이 있는지를 인지하고 이를 충족하기 위해서는 어떠한 조건들이 요구되는지에 대해 이해하는 것이 필요하다. 그렇게 되면 자연히 어떻게 해야 효율적인 핀테크 성장 환경을 조성할 수 있을지, 그리고 이러한 에코시스템하에서 핀테크와 관련된 각각의 주체들이 어떤 역할을 해야 하는지에 대해 보다 명확히 알 수 있을 것이다.

핀테크 에코시스템을 구성하는 요소로 다양한 요인들을 고려할 수 있지만, 큰 틀에서 본다면 기본적으로 **인력** talent, **자본** capital, **정책** policy, 그리고 **수요** demand 의 네 가지 핵심 요소에 주목할 필요가 있다.106

효율적인 에코시스템의 작동을 위해서는 각 요소의 개별적 발전을 넘어 각각의 요소들이 서로 유기적으로 협력할 수 있는 시장 환경을 조성하는 것이 무엇보다 중요하다. 그렇기 때문에 글로벌 핀테크 선진국들의 경우를 살펴보면 특정 기업 또는 기술을 중심으로 산업 클러스터가 형성되는 것이 아니라, 효율적인 핀테크 서비스에 필요한 모든 요소들이 가까운 곳에 모여 일종의 "허브"를 구축하고, 이를 중심으로 기업, 정부, 스타트업 등이 각각의 역할을 역동적으로 하는 가운데 상호 영향을 주고받으며 시너지를 창출하고 있는 것을 볼 수 있다.

이렇게 본다면 핀테크 허브가 얼마나 효율적으로 운영되는가는 결국 어떤 에코시스템이 구축되어 있는가에 따라 결정되는데, 그런 의미에서 핀테크 에코시스템이란 눈에 보이지 않지만 효율적인 핀테크 허브를 구성하고 운영하기 위해 필수적으로 요구되는 환경 또는 구조적 체계를 의미한다고 할 수 있다.

같은 맥락에서 핀테크 산업을 성공적으로 육성하기 위해서는 이런 "허브"의 개념에 주목하는 것이 매우 중요하다. 앞서 여러 번 강조하였듯이 핀테크 산업의 성장과 성공은 각각의 플레이어들이 유기적인 상생 관계를 맺고 상호 영향하에서 시너지를 창출할 때 가능할 수 있다. 그렇기 때문에 어떤 핀테크 허브를 만들어 나갈 것인가에 대한 비전이 담긴 청사진이 필요한 것이다. 오랫동안 전 세계적으로 혁신의 아이콘으로 자리매김한 미국의 실리콘 밸리는 물론이고, 2008년 발생한 글로벌 금융위기의 심각한 여파를 타개하기 위한 혁신적 경제 성장의 핵심 동력으로 핀테크에 주목하고 이를 집중 육성한 영국의 경우를 생각해 보면 성공적인 핀테크 에코시스템은 저절로 생겨나는 것이 아니라 어떠한 환경을 조성하고 만들 것인가에 대한 큰 그림이 존재할 때 더욱 효과적으로 구축될 수 있다는 사실을 알 수 있다. 이러한 전제하에 핀테크 산업의 특성과 성장을 위해 필요한 요소에 대한 이해가 이해관계자들 사이에서 공유되는 가운데 상호 협력과 건설적인 경쟁이 가능하도록 구조적 문제점들을 제거해 나가는 것이 필요하다.

그렇다면 핀테크 에코시스템의 기본 구성 요소인 인력과 자본,

그리고 정책과 수요는 구체적으로 어떤 것을 의미하는 것일까?

다음의 그림은 핀테크 에코시스템의 기본 요소들 간의 관계
와 각 요소를 구성하는 내용을 한눈에 잘 보여준다.

|그림 8-1| 핀테크 에코시스템의 핵심 구성 요소

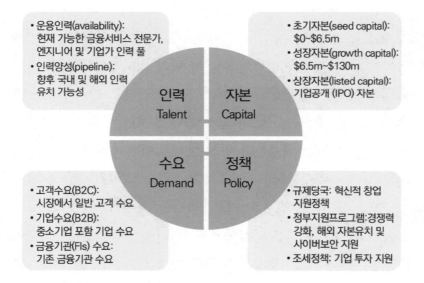

자료: EY(2016) 참고하여 재구성

다음 장에서 각각의 요소들이 어떤 의미를 가지며 효율적인
에코시스템을 구성하기 위해서는 어떠한 조건이 필요한지에 대
해 보다 상세히 살펴보도록 하자.

9장
인재,
핀테크 혁신의 주체

핀테크 전문인력 유치

핀테크 에코시스템에 있어서 유능한 인력은 혁신적 서비스 모델을 창출하기 위한 시작점이자 사업이 성장하고 지속적으로 경쟁력을 향상시키는 데 있어서 가장 핵심적인 요소이다. 혁신이란 동일한 현상을 창의적인 시각으로 바라보고 그 속에 잠재된 가능성을 끌어내어 가시화하는 능력이라고 정의한다면, 최근 4차 산업혁명에 따른 새로운 기술의 발달은 물론이고 그러한 기술을 기존의 서비스에 접목시켜 새로운 차원의 고객 경험을 창출하기 위해서는 근본적으로 혁신적 사고능력을 지닌 우수한 인재가 없이는 불가능하다. 그렇기 때문에 핀테크와 같이 정보통신기술 및 금융에 대한 전문성, 그리고 각 요소를 융합적으로 활용하는 능력을 요구하는 새로운 산업의 발전은 이를 활용할 수 있는 창의적이면서도 전문성을 갖춘 인력이 얼마나 있는가에 따라 결정될 수밖에 없는 것이다. 그런 면에서 핀테크는 산업의 특성상 혁신적인 아이디어를 이끌어 낼 수 있는 창의성과 이를 시스템적으로 가시화할 수 있는 전문성이 동시에 요구되기 때문에, 이를 충족시키는 우수한 전문인력을 보유하는 것이야말로 성공의 열쇠라고 할 수 있다.

전문분야를 중심으로 살펴보자면 기본적으로 기술과 금융의 융합적인 핀테크의 산업적 특성을 고려할 때 큰 범주에서 핀테크 관련 전문인력은 기술, 금융 및 기업운영에 전문성을 지닌 인력이 이에 해당된다고 볼 수 있다.[107] 개인이 이 세 가지 분야에서 모두 경험과 전문성이 있다면 당연히 탁월한 경쟁력을 갖추고 있겠지만, 그렇지 않더라도 이러한 각 분야의 인재들을 한 프로젝트나 사업 단위에 영입함으로써 시너지를 창출 할 수 있다.

실제로 이미 대형 금융기관에서 일하는 인력의 상당 비율이 IT 전문가들로 구성되어 있고, 대형 IT 기업에서도 사내 금융 전문가들이 기업 운영과 마케팅에 매우 중요한 역할들을 담당하고 있다. 핀테크가 추구하는 금융과 IT 간의 시너지를 만들어 내는 것은 결국 양쪽 산업 모두의 미래 지향적인 발전에 중요한 전략적 의미를 갖고 있기 때문이다. 성공적인 핀테크 기업들의 사례는 이러한 서로 다른 분야의 전문가들 간의 협업과 융합적 사고를 통한 새로운 아이디어와 상품 개발을 위한 노력이 얼마나 중요한지를 잘 보여 준다.

핀테크 전문인력을 고려할 때 현재 보유하고 있는 활용 가능한 인력의 범위와 함께 향후 국내 또는 해외에서 유치할 수 있는 인력의 범위가 얼마나 넓은가 역시 경쟁력 확보에 있어서 중요한 요인이다. 기존의 IT 업계와 유사하게 핀테크 역시 기술 분야에 특화된 전문인력을 얼마나 활용할 수 있는지 여부가 성공의 관건이라고 할 수 있다. 매우 빠른 속도로 변화해 가는 핀테크 시장의 특성을 감안한다면 현 시점에서 금융, IT, 보안 등 핀테크와 관련된 업계에서 활용할 수 있는 전문인력이 얼마나 되는지도 중요하지만, 필요할 경우 우수한 해외 전문인력을 효과적으로 유치할 수 있어야 한다는 점도 결코 간과될 수 없다. 글로벌 시장을 대상으로 하는 핀테크는 서비스 특성상 디지털 기술을 중심으로 다양한 첨단산업 영역에서 특화된 전문인력들을 활용하지 않으면 안 되기 때문에 우수한 글로벌 인재 유치 경쟁에서 얼마나 경쟁력을 보유하고 있느냐가 에코시스템의 성공 여부를 결정하는 매우 중요한 요인인 것이다.

실제로 글로벌 핀테크 허브들은 저마다 우수 인력을 유치하기 위한 정책을 적극적으로 펼쳐 나가고 있다. 혁신적 서비스 창출은 창의적이고 우수한 인력을 통해서 나올 수밖에 없기 때문에, 이러한 유망한 핀테크 인재들이 모여들 수 있도록 최적의 환경을 제공하기 위해 필사적 노력을 다하고 있는 것이다. 최근 영국의 브렉시트 Brexit 나 미국의 미국 우선주의 America First 정책이 글로벌 시대의 흐름에 반대되는 방향으로 이해되기도 하지만, 실제 시장의 움직임과 관련 정책들을 가까이 들여다보면 오히려 우수한 인재를 유치하기 위한 국가 간 경쟁은 그 어느 때보다 치열하게 벌어지고 있음을 알 수 있다. 어떤 정치적 수사도 시장의 실제적인 요구와 필요를 전적으로 외면해서는 결과적으로 목표하는 성과를 얻을 수 없기 때문이다.

특히 영국은 EU를 탈퇴하기 위한 브렉시트 협상이 진행되는 중에도 2018년부터 해외에 거주하는 우수한 기술인력 유치를 위한 정책적 지원에 박차를 가하고 있다. 이러한 노력의 일환으로 비유럽권의 우수한 기술 인력들이 지정된 12개의 연구기관과의 연계하에 연구 및 교육훈련을 목적으로 영국에 2년까지 거주할 수 있도록 하는 새로운 특별 비자 프로그램 UKRI Science, Research and Academia Scheme 을 시행하고 있다.[108] 이와 함께 기존에 각 분야에서 탁월성을 보인 전문가들에게 영국에 거주하며 활동할 수 있는 기회를 주고 이들을 통한 영국 국내 시장의 경쟁력 강화를 위해 운영하던 우수 인력을 위한 특별 비자 프로그램 Exceptional Talent Route 의 규모를 연간 2천 명까지 늘리고, 새로운 스타트업 비자 프로그램을 만들어서 영국 내 고등교육기관의 추천을 받은 신청자들이 영국에서의 사업을 목적으로 거주할 수 있도록 지원할 방침이다.[109]

기존의 우수 인력을 위한 특별 비자 프로그램에 지원할 수 있는 자격 조건 중 디지털 기술자 digital technology applications 항목도 있다. 테크 네이션 비자 Tech Nation Visa 로 불리는 이 특별 비자 프로그램은 디지털 기술 분야의 탁월한 역량을 보유한 우수한 해외 전문인력들이 영국에 거주하면서 해당 분야에 종사함으로써 영국의 디지털 기술 발전에 기여하도록 하기 위한 목적으로 운영되고 있는데 2014년부터 1천 명 이상의 신청자들이 이 프로그램을 통해 비자를 발급받았다.[110] 이 프로그램에 신청한 지원자의 선발은 디지털 기술 촉진을 위한 전문기관인 테크 네이션 Tech Nation 에 위임함으로써 디지털 기술 분야에서 탁월한 전문성을 보유한 해외 인력들을 보다 쉽게 영국으로 유치할 수 있도록 빠른 심사를 지원하고 있다.[111]

이러한 흐름은 비단 영국뿐 아니라 우수 인력 유치를 통한 글로벌 경쟁력을 확보하기 위한 전 세계적인 움직임으로 나타나고 있다. 아랍에미레이트(UAE)는 최근 투자자 및 특별기술자를 위한 10년 기간의 영주권 제도를 새로 도입하였으며, 글로벌 핀테크 시장에서 선두를 달리고 있는 에스토니아와 리투아니아의 경우에는 별도의 스타트업 비자 Startup Visa 프로그램을 운영하고 있다.112 사업가 또는 전문 분야의 인재들을 국내 시장으로 유치할 경우 이들이 가지고 들어오게 되는 자본이나 기술력이 시장에서의 경쟁과 발전을 촉진하는 역할을 한다는 점에 주목하여 각국의 인재유치 경쟁이 치열하게 벌어지고 있는 것이다.

핀테크 전문인력 양성

우수한 인력 유치를 위해 힘쓰는 동시에 글로벌 시장의 급속한 변화에 적합한 전문인력을 자체적으로 양성하기 위한 교육 및 훈련 시스템을 효율적으로 구축하고, 이를 지속적으로 운영할 수 있는 방안이 뒷받침되는 것이 필요하다. 우수한 인재는 하루아침에 만들어지는 것이 아니다. 그렇기 때문에 창의적이고 혁신적인 교육 시스템 안에서 개인의 역량을 최대한 발휘할 수 있는 환경을 제공하는 것이 무엇보다 중요하다. 따라서 대학에서는 졸업자들이 시장이 필요로 하는 지식과 기술을 보유할 수 있도록 변화에 발맞추어 전공 분야를 다양화하고, 교육 커리큘럼을 개선하여 필요한 업무에 효율적으로 투입될 수 있도록 준비 단계에 소요되는 시간과 비용을 줄여 주는 것이 필요하다.

이러한 노력과 함께 보다 근본적인 방법으로서 빠른 글로벌 시장의 변화에 적응하는 데 필요한 역량을 키울 수 있도록 초등

학교부터 고등학교까지 교육 과정에서 창의적 사고능력의 계발을 위해 적극적인 노력을 기울일 필요가 있다. 알려진 바와 같이 미국 및 유럽 선진국에서는 특별히 이공계 분야에서 경쟁력을 강화하기 위해 STEM 교육을 강조하고 이를 위한 지원 정책을 펼쳐가고 있다. STEM이란 과학 Science, 기술 Technology, 공학 Engineering, 그리고 수학 Mathematics의 머리글자를 따서 만든 약자로 과학기술 분야의 인재 육성을 위한 필수적 교육 분야일 뿐만 아니라, 일반적으로도 학생들의 창의적 사고력을 향상하기 위해 반드시 필요한 교육 분야이다. 이공계 분야의 전문인력 양성이 4차 산업혁명 시대를 주도할 수 있는 기술력을 좌우한다는 점에서 해당 분야의 우수한 인재양성의 중요성은 아무리 강조해도 지나치지 않다. 또한 반드시 이공계 분야에서 전문가가 되는 것을 목표로 하지 않더라도, 기업을 경영하거나 새로운 서비스 또는 상품을 개발하고자 할 때 논리적 분석력과 첨단 기술에 대한 기본적인 이해는 매우 큰 경쟁력으로 작용하기 때문에 이러한 과학기술 분야에 대한 기초교육을 강화하는 것은 미래 경쟁력을 확보하기 위해 절대적으로 필요하다.

핀테크가 전통적인 금융 서비스를 새로운 시각으로 뒤집어보고 변화하는 고객들의 필요에 맞도록 보다 현대화된 서비스를 제공함으로써 금융시장의 변화를 이끌고 있다는 점에 대해 동의한다면, 혁신적이고 창의적인 사고능력은 이공계 전문인력이 되

|그림 9-1| STEM 교육 영역

SCIENCE TECHNOLOGY ENGINEERING MATHEMATICS

STEM

자료: National Science Foundation

는 것을 목표로 하지 않더라도 효율적인 비즈니스 운영 또는 혁신적 상품 개발을 위해서 반드시 갖추어야 할 능력이다.

　이러한 역량은 핀테크 뿐 아니라 첨단 기술을 활용한 새로운 분야에 대한 시장의 수요 변화에 발 빠르게 대응하기 위해서도 매우 중요하다. 최근 핀테크와 함께 주목받고 있는 인공지능 이나 로보틱스, 데이터 분석 등의 분야만 해도 몇 년 사이 갑자기 생겨난 것이 아니라 이전부터 꾸준히 발전해 온 기술 영역인데, 다만 시장의 변화의 물결을 타고 지난 몇 년 사이에 상품화가 되는 시점을 만나면서 이 분야의 전문인력들에 대한 수요가 급증한 것이다. 그런 측면에서 볼 때 대학을 비롯한 고등 교육기관에서는 단순히 현재 시장에서 수요가 높은 분야의 인력을 단기간에 대량 생산하기 위해 노력할 것이 아니라, 향후 발전 가능성이 있는 분야에 대해 폭 넓은 교육 프로그램을 개발하고 지속성을 갖고 운영하는 것이 필요하다. 기업들 역시 기존 직원들이 새로운 분야의 지식을 빠르게 습득하여 업무에 실제로 적용할 수 있도록 효율적이고 통합적인 교육훈련 프로그램을 운영함으로써 빠르게 변화하는 시장의 요구에 기민하게 대응할 수 있어야 한다.

10장
자본,
핀테크 혁신의 연료

초기자본, 성장자본, 그리고 상장자본

핀테크 에코시스템의 효율적 작동을 위한 자본의 역할은 아무리 강조해도 지나침이 없다. 아무리 혁신과 지속가능한 성장을 위한 핀테크의 가치와 가능성을 인식하고 발전해야 한다는 필요성을 강조하더라도, 실제로 스타트업을 시작하거나 이를 성장시키기 위해 필요한 자본이 적절한 시기에 공급되지 못한다면 아무리 좋은 아이디어와 잠재력이 있다고 하더라도 한낱 화려한 수사에 지나지 않기 때문이다. 이 때문에 핀테크 에코시스템의 원활한 작동을 위해서는 사업을 시작하기 위해 초기 단계에 필요한 **초기자본** Seed capital, 그 이후 사업의 확대를 위해 필요한 **성장자본** Growth capital, 그리고 주식상장을 통해 자금을 조달하는 **상장자본** Listed capital 이 적절한 시기에 잘 공급되는 것이 중요하다. 각 단계별로 필요한 투자가 얼마나 효율적으로 이뤄지고 있으며 자금조달을 위한 네트워크가 조성되어 있는지 여부는 핀테크 허브가 얼마나 효율적으로 운영되고 있으며, 앞으로의 발전 가능성이 어느 정도 인가를 가늠하는 데 빼놓을 수 없는 핵심 요소이다.

|그림 10-1| 스타트업 단계별 투자자본 형태

|표 10-1| 핀테크 스타트업의 성장에 필요한 자본의 단계별 구분

	초기자본 Seed capital	성장자본 Growth capital	상장자본 Listed capital
성격	스타트업이 핀테크 서비스를 시작하기 위한 창업에 필요한 자금.	창업 이후 사업초기 단계에서 성장 단계로 진입하기 위해 필요한 자금.	안정적 단계에 진입한 핀테크 스타트업이 기업공개를 통해 조달하게 되는 자금.
공급원	엔젤 투자자, 엑셀러레이터, 인큐베이터 프로그램 등	벤처캐피털 펀드, 기업벤처투자사 등	주식시장 (개인 및 기업 투자자)

자료: EY(2016)참고하여 작성.

|그림 10-2| 파리의 테크 스타트업 인큐베이터 STATION F 의 업무공간

자료: Station F

    스타트업을 시작하기 위해서는 기본적으로 사무실 공간 및 기본적인 비즈니스 인프라를 마련하거나 이를 사용하기 위한 초기자본이 필요하다. 이 때문에 정부 자금을 기반으로 하는 스타트업을 위한 대출, 정부 또는 대형 금융기관이 주도하는 인큐베이터 incubator 또는 엑셀러레이터 accelerator 프로그램을 통한 업무공간의 제공 등은 스타트업의 창업을 위한 에코시스템의 조성 그리고 활성화를 위해 매우 필수적인 요소이다. 성공적인 핀테크 에코시스템이 구축되어 있는 영국, 미국 그리고 호주 등 선진국들의 경우를 살펴보면 공통적으로 스타트업을 발굴하고 육성하는 인큐베이터 및 엑셀러레이터 시스템이 효율적으로 잘 운영되고 있음을 알 수 있다.

이러한 프로그램들은 물리적인 업무공간을 제공할 뿐 아니라 프로그램에 참여하고 있는 스타트업들을 대상으로 실제 사업체의 설립과 운영에 필요한 법률 및 세무 관련 자문도 제공하는 경우가 많은데 이러한 전문적 서비스를 독자적으로 이용하기 위해서 필요한 비용을 감안할 때 매우 중요한 지원 요소이다.

이와 같은 물리적 공간과 시설, 전문지식에 대한 지원과 함께 새로운 사업의 잠재적 가치와 실현 가능성을 분석하고 시장에 진입할 수 있도록 사업 운영에 필요한 자금을 제공하는 실제적 투자가 활성화되는 것이 필요하다. 이 단계의 투자는 필연적으로 모험적 요소가 강한 만큼 정부 자금을 통한 직간접적 지원과 함께 엔젤 투자자들 angel investors 의 역할이 중요하다고 볼 수 있다. 이러한 측면 때문에 글로벌 핀테크 허브 중 스타트업을 위한 자본 조달 측면에서 전통적으로 기술 기업에 대한 투자가 활성화되어 있고 새로운 비즈니스 모델의 잠재적 가치에 대한 평가에 기반한 투자가 가장 활발한 미국의 실리콘 밸리가 독보적 위치를 차지하고 있다.

처음 사업을 시작하는 스타트업에게 있어서 투자자들을 만날 수 있는 기회는 투자 유치를 위한 첫걸음이자 사업의 지속가능성을 높이기 위한 매우 중요한 요소인데, 이 때문에 우수한 인큐베이터 및 엑셀러레이터 프로그램들은 스타트업들이 투자자들과 다

|그림 10-3| 실리콘밸리의 테크 엑셀러레이터 플러그 앤 플레이의 교육 프로그램

자료: Plug and Play

양한 네트워킹의 기회를 갖도록 돕고 있다. 이러한 기회들을 통해 아이디어의 실현 가능성을 높이고 투자 유치에 실제로 성공하기 위해 없어서는 안 될 비즈니스적 감각을 키울 수 있다는 점에서 실제적인 투자와 긴밀히 연결되어 있는 중요한 환경적 요소이다.

성장자본은 혁신적 아이디어로 창업에 성공한 핀테크 스타트업이 **스케일업** Scale Up, 즉 사업의 확장 단계에 진입하기 위해 필요한 자금을 의미한다. 스케일업은 사실상 스타트업보다도 더 중요한 의미를 갖는다. 일차적으로 창업에 성공했더라도 성장 단계인 스케일업에 성공해야 안정적으로 수익을 낼 수 있고, 새로운 일자리 창출로도 이어질 수 있기 때문이다. 실제로 스타트업이 창업의 단계를 넘어 사업 확장의 단계로 진입하는 데 실패하는 경우가 허다하다. 혁신적인 핀테크 스타트업이 시장에 안착하고 독보적 경쟁력을 갖추어 글로벌 시장에 진출하기 위해서는 획기적인 아이디어를 제시하는 것을 넘어서 탄탄한 비즈니스 모델을 기반으로 원활한 운영에 필요한 자금이 공급되어야 하고 이를 통해 인력을 늘리고 기술개발에도 박차를 가할 수 있는 것이다. 그렇기 때문에 스케일업을 위한 성장자본의 시의적절한 공급은 핀테크 산업의 성장과 결코 분리될 수 없는 요소이다. 이와 같이 성장 단계에 진입하기 위해 필요한 자본은 대체로 벤처캐피털 Venture Capitals 에 의해 조달된다. 이 때문에 시장에 얼마나 강력한 벤처캐피털 네트워크가 형성되어 있는지 여부가 혁신적인 스타트업이 성장하는 데 필요한 성장자본을 얼마나 효과적으로 조달할 수 있는 여건을 갖고 있는지를 판단할 수 있는 핵심 요인으로 꼽힌다.[113]

또한 시장을 구성하고 있는 투자자들의 투자 성향도 성장자본의 공급에 있어 중요한 영향을 미친다. 높은 위험을 감수하는 성향을 보이는 투자자들의 경우에는 높은 수익을 기대할 수 있다고 판단되는 스타트업에 공격적으로 투자하지만, 전반적으로 안정적인 투자를 선호하는 문화가 형성되어 있는 시장에서는 이미 창업 과정을 통해 기업의 잠재력이 증명되었더라도 더 큰 규모의 투자를 유치하기 위해서는 그만큼 많은 시간과 노력이 들 수밖에 없다. 일반적으로 스타트업에 대한 벤처투자가 활성화된 시장일수록 투자자들이 고위험을 감수하는 성향을 보이며, 최초의 투자를 통해 얻은 수익을 부동산을 구매하는 등 보유자산을 늘리는 데 쓰기보다는 해당 기업에 다시 투자하거나 또 다른 유망한 스타트업에 투자하는 데 사용하는 비율이 높은 것으로 나타난다.[114] 이러한 이유 때문에 벤처투자에 있어서도 초기자본의 경우와 마찬가지로 실리콘 밸리가 위치한 미국의 샌프란시스코가 다른 핀테크 허브 도시들에 비해 독보적인 지위를 갖고 있다. 새로운 도전과 위험을 기꺼이 받아들이고 잠재적 가치에 투자함으로써 시장을 앞서가고자 하는 미래지향적 투자자들과 자본금이 풍부한 곳에 혁신적인 창업가들이 모여드는 것은 어쩌면 당연한 결과이다.

글로벌 핀테크 시장이 빠르게 성장하면서 각 단계별 핀테크 기업에 대한 건당 투자 규모도 지난 수년간 지속적으로 증가해

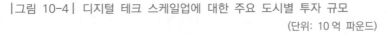

|그림 10-4| 디지털 테크 스케일업에 대한 주요 도시별 투자 규모

(단위: 10억 파운드)

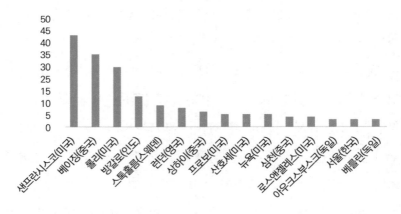

자료: Tech Nation Report(2019)
주: 2015년부터 2018년까지 각 도시별 디지털 기술 관련 투자 규모의 총 합계를 나타냄.

왔다. 대형 핀테크 투자 건수가 증가했던 2018년에는 중국의 대표적 핀테크 기업인 앤트 파이낸셜 Ant Financial 이 140억 달러의 기록적인 투자자금 유치에 성공하면서 해당 연도 전체 글로벌 핀테크 벤처투자의 38%를 차지하기도 했다. 최근 글로벌 벤처투자의 규모와 거래 건수를 살펴보면 미국과 중국이 시장을 이끌어 가고 있으며, 영국과 인도, 캐나다, 싱가포르 등이 그 뒤를 잇고 있음을 알 수 있다.

미국의 경우 2018년에 이뤄진 핀테크 벤처투자 건수는 총 1,042건으로 다른 국가들에 비해 압도적 많은 수의 거래가 이뤄졌다. 반면 중국에서 2018년에 이뤄진 핀테크 벤처투자 건수는 총 90건으로 미국의 10분의 1에도 미치지 못했는데 투자거래 규

|그림 10-5| 국가별 핀테크 벤처투자 건수(2018 년) (단위: 건)

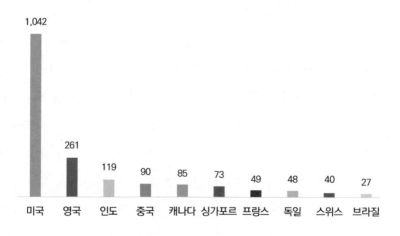

자료: Innovate Finance(2018) 참고하여 작성

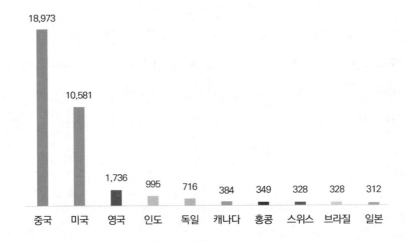

|그림 10-6| 국가별 핀테크 벤처투자 규모(2018년) (단위: 백만 달러)

자료: Innovate Finance(2018) 참고하여 작성

모는 약 190억 달러를 기록하며 사실상 대형투자가 시장을 이끌고 있음을 나타낸다. 각 시장별로 각기 독특한 형태로 핀테크에 대한 투자가 이뤄지고 있음을 알 수 있다(그림 10-5 및 10-6).

　　마지막으로 **상장자본**은 안정적인 사업 단계에 도달한 스타트업이 기업공개를 통해 일반 투자자들로부터 조달하게 되는 자본을 의미한다. 그렇게 때문에 상장자본의 수준은 핀테크 시장의 성숙도를 가늠하는 가장 핵심적인 척도라고 볼 수 있을 것이다. 앞서 살펴본 바와 같이 핀테크에 대한 벤처투자가 계속 증가하는 추세인 만큼 아직까지 핀테크 스타트업의 기업공개 건수는 많지 않은 편이다. 그럼에도 최근 몇 년 사이 핀테크 스타트

|그림 10-7| 글로벌 핀테크 벤처투자 규모(거래 중간값) 변화 (단위: 백만 달러)

자료: Innovate Finance(2018) 참고하여 작성

업들의 기업공개를 통한 대규모 자본조달 사례는 늘어나고 있
다. 2007년 이후 설립된 핀테크 스타트업 중 기업공개에 성공한
사례는 총 60건인데 이 중 50% 이상인 31건이 2016년 이후에
이뤄졌다.[115] 분야별로 살펴보면 현재까지 대출 분야에서의 기
업공개 건수가 가장 많았으며 그 다음으로 결제, B2B서비스, 뱅
킹테크, 자산관리 등의 분야에서 기업공개에 성공한 건 수가 많
은 것으로 나타난다.

　2018년에는 네덜란드의 결제서비스 기업인 아디옌Adyen 을
비롯하여 영국의 P2P서비스인 펀딩서클Funding Circle, 그리고 미
국의 온라인 대출 서비스인 그린스카이 GreenSky 가 기업공개를
통한 대규모 자금조달에 성공했다.[116] 이러한 핀테크 기업들의

IPO는 핀테크 시장이 점차 성숙 단계에 접어들면서 늘어날 것으로 보인다. 현재까지 이 단계에서의 자본조달 역시 기존에 새로운 기술 기업에 대한 투자가 활성화되어 있는 미국, 그리고 자본시장을 통한 투자가 활성화되어 있는 유럽 및 홍콩 등의 주식시장이 투자를 주도하고 있다.

|그림 10-8| 핀테크 분야별 기업공개 건수 (단위: 건)

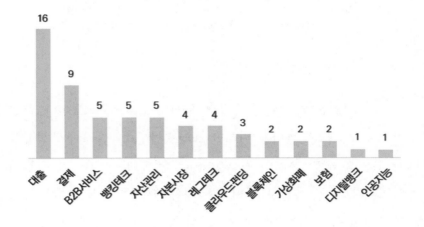

자료: Medici(2018)
주: 2007년 이후 설립된 핀테크 기업만 대상으로 함.

11장

수요,
핀테크 혁신의 주인공

금융 소비자를 위한 핀테크

핀테크 산업의 성장을 위해서는 시장의 수요와 트렌드를 정확히 파악하고 그에 맞는 전략을 세우는 것이 필요하다. 금융시장에서 핀테크 서비스에 대한 전반적인 수요가 증가하고 있다는 데는 의심의 여지가 없다. 앞서 이미 살펴본 바와 같이 이미 전세계적으로 핀테크는 일부 발 빠른 젊은 층의 소비자들이 새로운 기술을 체험해 보기 위한 호기심으로 관심을 갖던 초기 단계를 넘어서 대량 수용 단계에 접어들었다. 따라서 핀테크 에코시스템이 활성화되기 위해서는 이러한 시장의 변화를 정확히 이해하고 그에 적합한 서비스와 솔루션을 제공하는 것이 매우 중요하다. 핀테크에 대한 시장의 수요를 보다 세부적으로 파악하기 위해서는 핀테크 서비스에 대한 일반 고객 수요, 중소기업을 포함한 기업 수요, 그리고 기존 금융회사의 수요를 고려할 필요가 있다.117 기존 금융회사들의 핀테크 기술 및 서비스에 대한 수요는 이미 앞서 핀테크 스타트업과의 파트너십 부분에서 살펴보았기 때문에, 여기서는 금융 소비자를 위한 핀테크 수요와 중소기업을 위한 핀테크 수요에 대해 간략히 짚어 보도록 한다.

앞서 1장에서 살펴보았듯이 글로벌 금융시장에서 일반 소비자를 대상으로 하는 핀테크 서비스는 이미 초기 수용 단계를 넘어서 금융 서비스의 주류mainstream를 이루고 있다. 2019년에 글로벌 컨설팅사인 EY가 27개국 시장의 약 27,000명을 대상으로 핀테크 사용률에 대해 설문조사한 결과에 의하면 핀테크에 대해 알고 있다고 대답한 비율은 전체 응답자의 94%에 달했다. 핀테크 서비스를 현재 이용하고 있다고 대답한 응답자의 평균 비율이 64%에 달하는 가운데, 가장 핀테크 수용률이 가장 높은 국가는 중국(87%), 인도(87%), 러시아(82%), 남아프리카(82%)순으로 신흥국 시장에서 매우 빠르게 확산되고 있음을 알 수 있다.118 선진국 시장에서의 핀테크 수용률은 영국(71%), 홍콩(67%), 싱가포르(67%), 호주(58%), 미국(46%)순으로 일본(34%)이나 프랑스(35%), 벨기에(42%) 등 일부 국가들은 상대적으로 낮은 수용률을 보인다.

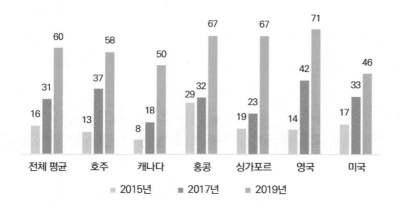

|그림 11-1| 6개국 시장의 핀테크 수용률 변화 비교 (단위: %)

자료: EY(2019)

　이와 같이 선진국의 핀테크 수용률이 신흥국에 비해 낮게 나타나는 데는 시장의 규모와 서비스 형태의 차이 등 다양한 요소가 존재하기 때문이다. 호주, 영국, 싱가포르 등 선진국 시장에서의 핀테크 수용률은 지난 5년 사이에 예상보다 빠른 속도로 증가했는데, 이러한 배경에는 최근 수년 간 은행, 보험사, 증권사 등 기존 금융기관들도 핀테크 기술 및 서비스를 경쟁적으로 도입하면서 금융시장 전반에서 핀테크 서비스 영역이 빠르게 확대되고 있는 데 따른 결과이다.

　소비자들의 핀테크 서비스 활용도를 서비스 분야별로 살펴보면 송금 및 지급결제 분야의 활용률은 75% 가량으로 매우 높은 반면 예산 및 금융설계를 위한 핀테크 서비스의 활용도는 아직 상대적으로 낮은 편이다.[119] 이와 같은 구체적인 서비스 분야와 형태에 대한 소비자들의 선호도 및 기대 수준에 대한 분석은 시장의 수요와 변화에 적합한 서비스를 제공하기 위해 필요한 기초적이면서도 중요한 자료를 제공한다.

|표 11-1| 금융 소비자를 위한 핀테크 서비스 분류

서비스 영역	서비스 종류
송금 및 결제 Money transfer and payments	온라인 환전
	해외송금
	디지털 기반 무점포 은행
	P2P 결제 및 비은행 환전
	모바일 결제
	가상화폐 전자지갑
예산 및 재정계획 Budgeting and financial planning	온라인 예산 및 재정계획 서비스
	온라인 퇴직연금 관리 서비스
예금 및 투자 Savings and investments	P2P 대출 플랫폼
	클라우드펀딩 투자 플랫폼
	온라인 투자자문 및 투자관리
	온라인 주식 중개
	온라인 스프레드 베팅
대출 Borrowing	온라인 전용 대출
	온라인 대출시장 및 대출정보제공 웹사이트
	온라인 대출 중개인 및 대출중개 웹사이트
보험 Insurance	보험료 비교 웹사이트
	보험 연계 스마트 장치
	앱 전용 보험

자료: EY(2019)
주: 하늘색은 핀테크 기업들이 신규 발굴한 금융 서비스 분야임. 나머지는 기존 서비스에 핀테크 기업들이 진출한 분야임.

핀테크가 발달함에 따라 소비자들을 대상으로 하는 핀테크 서비스의 종류와 범위는 점차 확대되고 있다. 기본적으로 예금이나 송금과 같이 기존에도 금융기관을 통해 사용할 수 있었던 금융 서비스를 보다 간편한 방식과 낮은 비용으로 제공하는 형태의 서비스가 존재하는 한편, 계좌통합관리나 모바일 기반 자산설계 서비스와 같이 핀테크 스타트업들이 자체적으로 개발한 새로운 형태의 금융 서비스도 점차 늘어나고 있다. 예금 및 투자 영역에서도 기존의 금융기관들이 제공하던 서비스를 첨단 기술을 활용하여 서비스 효율성을 높이는 경우와 함께 P2P대출 플랫폼이나 클라우드펀딩 투자 플랫폼과 같이 기존의 금융기관이 제공하지 않았던 새로운 방식을 도입함으로써 기존 금융권의 서비스로 충족되지 못하던 새로운 수요를 발굴하고 활용하는 서비스도 늘어나고 있다.

중소기업(SMEs)을 위한 핀테크

핀테크 서비스에 대한 수요는 일반 금융 소비자들뿐 아니라 중소기업 고객들 사이에서도 빠르게 증가하고 있다. 이러한 기업고객을 대상으로 하는 B2B Business-to-Business 핀테크 서비스는 일반 소비자를 대상으로 하는 핀테크 서비스와 마찬가지로 성장 잠재력이 높을 뿐 아니라 금융 서비스 시장의 구조를 변화시키는 핵심 역할을 하고 있다.[120] 특히 사업이력이 짧은 소규모

기업들의 경우 대출가능 자본의 규모가 상대적으로 작고 실패 위험이 높기 때문에 기존 금융기관들을 통한 자금조달이 원활하지 못하였던 틈새를 소규모 대출 서비스에 특화된 핀테크 기업들이 새로운 형태의 서비스를 통해 기업 고객들의 필요를 채우고 있다. 예를 들어 미국의 온라인 비즈니스 대출 핀테크 기업인 캐비지 Kabbage 는 자동화된 모바일 대출 플랫폼을 통해 사업자들을 대상으로 최저 2천 달러에서 최대 25만 달러까지의 운용 자금을 단 몇 분 만에 심사하여 대출해 준다. 기업 대출 분야의 초기 주자로 2008년에 설립된 이후 2019년까지 약 17만 명의 기업 고객에게 대출 서비스를 제공하면서 대표적인 소규모 기업 온라인 대출 플랫폼으로 자리 잡고 있다.[121] 비대면 방식의 빠른 심사와 지급 처리는 비용 효율성을 높이면서 고객들의 서비스 만족도를 높이는 주요 요인으로 작용했다.

중소기업 고객들의 핀테크 수요는 주로 지급 결제 분야에서의 온라인 결제 처리, 모바일 판매시점관리 POS: Point of Sale 결제기기 등 일반 소비자들을 대상으로 하는 서비스와는 다른 형태로 나타나는데, 그동안 서비스의 간소화와 효율화에 대한 수요가 매우 높았던 것이 새로운 기회요인이 되면서 일반 소비자를 대상으로 하는 서비스 이상으로 큰 잠재력을 지닌 시장으로 빠르게 성장하고 있다.[122] 이러한 핀테크 서비스는 대출 서비스에서부터 간단한 은행업무, 해외송금, 결제, 보험, 자산관리 등 다양한 분야로 확대되고 있다.

|표 11-2| 중소기업을 위한 핀테크 서비스 분류

서비스 영역	서비스 종류
은행업무 및 결제 Banking and payments	온라인 환전
	디지털 기반 무점포 상업은행
	온라인 결제 처리
	모바일 판매시점관리(POS) 결제기기 등
재무관리 Financial management	온라인 청구서 및 송장 관리
	온라인 현금 유동성 관리
	온라인 장부관리 및 급여 지급
재정 Financing	온라인 대출 플랫폼
	온라인 대출시장, 정보포털 및 중개인
	온라인 주식 및 채무증권
	온라인 송장금융 및 동태적 할인
보험 Insurance	보험료 비교 웹사이트

자료: EY(2019)

|그림 11-2| 5개국 시장의 분야별 중소기업 핀테크 활용률 (단위: %)

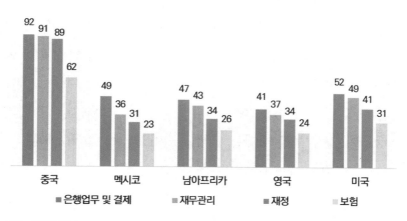

자료: EY(2019)
주: 수치는 각 분야에서 최소 한 개 이상의 핀테크 서비스를 이용한 적이 있다고 응답한 비율임.

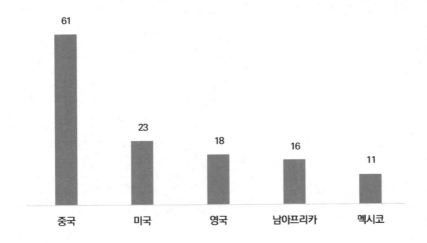

|그림 11-3| 5개국의 중소기업 핀테크 활용률 비교 (단위: %)

자료: EY(2019)

중소기업 고객을 대상으로 하는 글로벌 핀테크 시장은 빠르게 성장하고 있는데, 대체로 일반 소비자들의 핀테크 활용률이 높은 국가들에서 기업들의 핀테크 활용률도 상대적으로 높은 수준을 보이고 있다. 글로벌 컨설팅사인 EY가 선진국 시장인 미국과 영국, 그리고 신흥국 시장인 중국, 남아프리카, 멕시코의 중소기업 임원 1,000명을 대상으로 핀테크 활용도에 대해 실시한 온라인 인터뷰 및 설문조사 결과에 의하면 중소기업의 핀테크 활용률이 가장 높은 국가는 중국(61%)이었으며, 미국(23%)과 영국(18%)이 각각 그 뒤를 이었다(그림 11-3).

이들의 핀테크 활용률 평균은 약 25%인데 중소기업들이 사용하는 핀테크 서비스의 대부분이 높은 신뢰도와 서비스의 정확성을 요구하는 지급 및 결제 대행 솔루션이라는 점을 감안한다면, 이 수치는 핀테크 서비스에 대한 중소기업 고객들의 의존도가 높은 수준에 도달해 있음을 보여 준다.

전체적으로 가장 많이 사용되고 있는 핀테크 서비스 분야는 은행업무 및 결제, 재무관리, 재정, 그리고 보험순이며, 특히 신흥국 시장에서 핀테크 서비스를 통한 은행업무 및 결제 솔루션의 활용도가 매우 높게 나타난다. 선진국 시장에서의 핀테크 서비스는 기존의 금융상품을 대체할 수 있는 새로운 형태의 서비스가 주류를 이루고 있다면, 신흥국 시장에서는 핀테크 서비스의 활용이 전체적인 금융 서비스에 대한 접근성을 높여 준다는 특징을 보인다.[123]

12장

정책,
핀테크 에코시스템의 열쇠

정책, 핀테크 에코시스템의 열쇠

핀테크 에코시스템의 각각의 구성 요소가 모두 중요하고 고유의 기능이 있지만, 정책은 그 모든 요소들이 적재적소에서 최적의 기능을 발휘하도록 구조적 문제점들을 제거하고 경쟁과 협력이 원활히 이뤄지도록 균형 잡힌 질서를 확보해 주는 핵심적 기능을 갖고 있다는 점에서 궁극적으로 핀테크 에코시스템 성공의 열쇠를 쥐고 있다고 할 수 있다.

이는 정부가 적극적으로 시장에 개입하고 핀테크 스타트업의 성장을 위해 재정적인 지원을 해야 한다는 의미가 아니다. 그보다 더 큰 관점에서 스타트업부터 투자자, 대기업, 그리고 소비자들에 이르기까지 핀테크 에코시스템 안에서 활동하는 각각의 주체들이 최대한 자유롭고 활발히 활동할 수 있도록 경직된 규제 시스템을 개선하고, 건전한 경쟁을 촉진하는 핵심적 기능이 제대로 이루어져야 다른 요소들도 원활히 작동할 수 있는 것이다. 결론부터 말하자면 핀테크 에코시스템이 건강하게 성장하고 작동하기 위해서는 핀테크를 통한 혁신이 경제에 새로운 활력을 불어넣을 수 있도록 적극적으로 변화를 수용하고 선제적으로 규제환경을 변화시키려는 정책 당국의 노력이 절대적으로 필요하다.

실제로 성공적인 핀테크 허브의 사례들을 살펴보면 핀테크 에코시스템을 구성하는 핵심 주체인 정책당국이 혁신적인 신산업으로서 핀테크를 어떻게 인식하고 있는지가 전체 시스템의 효율적 운영에 있어서 매우 중요한 영향을 미치고 있음을 알 수 있다. 핀테크는 금융산업으로 인식되지만 기존의 전통적 의미의 금융기관들과는 서비스 방식 및 운영 구조에 있어서 확연한 차이를 보인다. 소비자들에게 제공할 수 있는 잠재적 혜택은 큰 반면 기존 금융산업의 구조와 질서를 흐트러뜨리고 새로운 경쟁과 도전을 불러일으킨다는 점에서 이해관계자들의 다양한 입장과 요구가 얽혀 있다. 그렇기 때문에 정책당국이 어떤 자세와 접근 방식으로 핀테크 산업을 인식하고 있으며, 실제로 적용하는 정책의 방향성이 어떠한가에 따라 핀테크의 발전 속도와 형태가 확연히 달라진다는 점을 알 수 있다. 정책의 역할이 핀테크 에코시스템의 성패를 가르는 핵심 중의 핵심인 이유가 바로 거기에 있다.

글로벌 핀테크 선진국으로 자리매김한 미국, 영국, 중국, 호주, 싱가포르 등의 핀테크 정책 방향성을 살펴보면 각기 독특한 시장환경에 맞추어 독자적인 특징을 갖고 발전하고 있지만 한 가지 공통점을 찾을 수 있다. 바로 정책당국이 적극적으로 핀테크 산업의 발전을 추구하고, 핀테크가 불러온 혁신을 지지하며, 세부적인 정책을 통해 일관되게 지원하고 있다는 점이다. 핀테크의 발전과 성장에 금융산업의 혁신 이상의 사회경제적 의미를 부여하고 있으며, 금융당국이 고압적인 감독자의 자리에서 내려와 핀테크 에코시스템의 참여자로서 혁신의 모멘텀을 살리기 위해 산업계와 적극적으로 협력하는 모습을 보이고 있는 것이다.

핀테크의 빠른 성장속도 만큼이나 이를 위한 정책적 변화와 지원의 속도로 빨라야 한다. 핀테크 기업들의 경쟁 무대는 일부 지역이나 국가가 아닌 글로벌 시장 전체이기 때문이다. 그렇기 때문에 국가들 간의 핀테크 지원 정책은 경쟁적이면서도 동시에 규제기관 간의 상호 협력을 추구하는 방향으로 움직이고 있다. 자국의 핀테크 기업들이 국경을 넘어서 해외 시장을 개척할 수 있기 위해서는 해당 시장의 금융당국의 협조와 도움이 필수적이기 때문이다. 또한 이러한 협력은 해외의 우수한 핀테크 기업들이 시장에 참여함으로써 금융시장의 경쟁력을 강화하는 긍정적 결과도 가져올 수 있다.

이와 같은 정책의 중요성은 캘리포니아의 실리콘밸리를 중심으로 오래 전부터 테크 기업에 대한 투자와 개발이 활발했던 미국과 달리 상대적으로 금융에 있어서 전통을 중요시하고 보수적인 입장을 유지해 왔던 영국이 어떻게 글로벌 금융위기 이후 단숨에 글로벌 핀테크 강국으로 부상했는지를 살펴보면 한층 더 쉽게 이해할 수 있다.

핀테크 혁신을 위한 규제 혁신

지난 수년간 글로벌 핀테크 선진국 가운데 영국은 단연 핀테크 성장을 위한 규제당국의 역할 면에서 독보적 역량을 보여왔다. 영국은 앞서 살펴본 핀테크 에코시스템의 핵심 요소인 인력, 자본, 그리고 수요 측면에서 모두 가장 우월한 입지를 갖고 있는 것은 아니다. 그러나 규제 당국이 이러한 요소들을 총체적으로 그리고 가장 효율적으로 활용할 수 있도록 구체적이고 적극적인 핀테크 지원 정책을 펼치면서, 단기간에 혁신적인 핀테크 지원 정책의 효과를 톡톡히 누리고 있다.

글로벌 금융위기가 기존의 금융감독 체계의 결함을 수면 위로 드러내면서 영국은 이 문제를 해결하기 위한 방안으로 2013년에 금융감독 체계를 이원화했다. 개별 금융기관의 건전성 여부가 금융시장 전체의 안정성에 영향을 미칠 수 있는 대형 금융기관들은 시스템적으로 중요한 금융기관 Systemically Important Financial Institutions(SIFIs) 으로 분류하고, 이들에 대한 감독기능은 건전성 감독기구 Prudential Regulation Authority(PRA) 에 위임하였다. 그리고 그 외의 금융기관에 대한 감독기능은 금융행위 감독기구 Financial Conduct Authority(FCA) 로 이관하였다.124

금융행위 감독기구(FCA)는 설립 당시 소비자 보호 강화, 금융시스템의 건전성 향상, 그리고 금융 서비스 경쟁력 향상을 핵심 운영 목표로 내세웠는데, 특히 소비자의 편의 향상과 금융시장의 경쟁력 강화라는 목표를 동시에 달성하기 위한 방법으로 혁신적 핀테크 산업의 육성에 주목했다. 기업의 불법행위를 감독하고 시장을 감시하는 고전적 의미의 감독자의 역할에서 벗어나 적극적인 혁신 지원 정책을 통해 핀테크 스타트업들의 시장 진입을 돕는 조력자의 역할에 집중했다. 영국의 FCA가 시행한 가장 주목할 만한 두 가지 정책인 신규 핀테크 사업에 대한 전담 지원부서인 이노베이션 허브 Innovation Hub 와 혁신적 핀테크 상품을 일정 기간 동안 규제의 제한 없이 시험운영해 보도록 허용하는 규제 샌드박스 Regulatory Sandbox 프로그램은 영국이 독보적인 글로벌 핀테크 허브로 자리매김하는 데 지대한 영향을 미쳤을 뿐 아

니라 성공적인 혁신 정책 사례로 우리나라를 포함한 해외 규제당
국의 정책에도 반영되어 지속적으로 영향을 미치고 있다.

　이노베이션 허브는 핀테크 스타트업 또는 기존 금융기관이
새로운 상품을 출시하고자 하는 경우 규제에 대한 이해 부족이
나 선행 규제의 부재로 인해 불이익을 받지 않도록 상품의 혁
신성과 지원 필요성이 검증된 핀테크 기업을 대상으로 금융당
국이 직접 승인에 필요한 전 과정을 지원하는 핀테크 지원 프
로그램이다. 사전 준비 단계부터 승인 단계, 그리고 승인 완료
후 1년 간 전담 인력이 해당 사업에 대한 추가적 관리 및 감독
을 맡아 수행한다. 이를 통해 핀테크 기업의 입장에서는 신규
상품 출시에 수반되는 비용과 위험을 낮출 수 있고, 동시에 감
독당국은 규제체계에 대한 즉각적 피드백을 얻을 수 있기 때문
에 전체적 에코시스템의 원활한 작동에 크게 기여하는 것으로
평가되고 있다.[125]

|표 12-1| 이노베이션 허브 지원 요건

항목	핵심 요건	평가 항목
혁신적 요소 포함	기존 상품과 명확히 차별화되는 혁신적 요소 포함	혁신적 요소의 차별화 및 유사상품 존재 여부
		독립된 전문가 평가 결과
		큰 폭의 개선 가능 여부
소비자 이익 증진	소비자들에게 직접적 이익 또는 경쟁 강화를 통한 간접적 이익 제공	효율성 향상에 따른 더 좋은 상품 제공 (가격 인하 또는 품질 향상)
		소비자에게 미칠 수 있는 잠재적 위험 파악 및 위험 감소방안 제시
		효과적인 경쟁 유발 가능성
사전 준비 수준	사전에 규제 이해를 위한 적절한 수준의 자원 투입	현재 적용되는 규제에 대해 이해하고자 노력했는지 여부
지원 필요성	이노베이션 허브를 통한 지원 필요성	대안 존재 여부
		기존 규제체계에 적용 가능성 여부

자료: 양효은(2016)

또 다른 대표적인 규제혁신 정책인 **규제 샌드박스**는 혁신적인 새로운 금융상품을 시장에 내놓고자 하는 핀테크 기업이 실제 상품의 출시에 앞서 임시적으로 제한된 범위 내에서 전체 규제에 적용받지 않고 일정 기간 동안 상품을 테스트해 볼 수 있도록 하는 제도이다.[126] 샌드박스 Sandbox 라는 영어단어는 아이들이 안전하게 놀 수 있는 모래사장을 의미하는데, 제한된 규제환경하에서 핀테크 기업들이 혁신적인 금융상품을 실제 시장 출시에 수반되는 비용과 위험을 부담하지 않고 시험적으로 운영해 볼 수 있는 기회를 제공하는 것이다.[127]

|표 12-2| 영국 FCA의 규제 샌드박스 지원 요건

항목	핵심 요건	평가 항목
지원 자격	영국 금융 서비스 시장에 혁신적 가치 창출 가능성	혁신이 영국 시장을 대상으로 하는지 여부
혁신 요소	혁신에 의한 괄목할 만한 변화 가능성	기존 상품과의 확연한 차별성 여부
소비자 이익	소비자들에게 직접적 이익 또는 경쟁을 강화하는 등 간접적 형태의 이익 제공	직간접적으로 소비자에게 더 좋은 상품 제공 가능성
		소비자에게 미칠 잠재적 위험 파악 및 감소 방안 제시
		효과적인 경쟁 유발 가능성
지원 필요성	혁신적 요소를 FCA의 지원하에 테스트해야 할 명백한 필요성	기존 규제체계에 적용이 어렵고 고비용으로 상품화가 어려운 경우
		실제 환경에서 테스트할 경우 예상되는 혜택
		다른 방법으로 FCA의 도움을 받거나 테스트 목표 달성 불가
		테스트 목적에 비해 승인과정이 복잡하고 비용이 많이 소요됨
준비 수준	실제 환경에서 테스트할 수 있는 단계에 도달	구체적 테스트 계획 수립
		일부 테스트 시행 현황
		테스트를 위한 자원 보유
		소비자 보호를 위한 세이프가드 요건 충족

자료: 양효은(2016), FCA(2019)

혁신적인 상품을 시장에 출시할 경우 기업의 입장에서는 많은 비용이 소요되는데 시장반응에 대한 불확실성 그리고 규제위험을 떠안게 된다. 동시에 소비자 보호의 의무가 있는 금융당국의 입장에서는 새로운 상품이 금융시장의 건전성에 미치는 영향을 우려하지 않을 수 없다. 이 때문에 규제 샌드박스를 통한 제한된 범위에서의 시험적 운영은 핀테크 기업과 규제 당국 모두에게 시간과 비용을 절감하는 긍정적 효과를 가져온다. 또한 규제 샌드박스를 통한 성공적인 시범 운영이 이뤄진 경우, 상품의 시장성이 증명되었다는 측면에서 해당 기업에 대한 새로운 투자 유치에 긍정적인 영향을 미치는 효과도 얻고 있다.[128]

이러한 영향으로 2016년 영국에서 처음 시행된 규제 샌드박스 제도는 싱가포르를 시작으로 호주, 홍콩, 인도네시아, 말레이시아, 네덜란드, 캐나다 등 20여 개 국가로 확산되어 핀테크 혁신을 촉진하기 위한 대표적 정책 도구로 활용되고 있다(표 12-3). 우리나라에서는 2019년 1월부터 정보통신기술(ICT) 융합분야를 시작으로 본격적으로 규제 샌드박스 제도가 시행되었으며 금융규제 샌드박스는 2019년 4월 첫 시행되었다.[129] 이와 같이 영국 금융당국의 핀테크 지원을 위한 정책은 핀테크를 통한 금융의 혁신을 가능하게 하기 위한 규제의 혁신이 얼마나 중요한지를 명확히 보여 주었다.

|표 12-3| 국가별 규제 샌드박스 시행 기관 및 현황

지역	국가	기관	현황
유럽	영국	UK's Financial Conduct Authority	시행
	덴마크	Danish Financial Supervisory Authority	시행
	네덜란드	De Nederlandsche Bank	시행
	스위스	Swiss Financial Market Supervisory Authority	시행
	러시아	Central Bank of the Russian Federation	시행
북미	캐나다	Canadian Securities Administration	시행
	미국	State of Arizona	시행
아시아	싱가포르	Monetary Authority of Singapore	시행
	한국	Financial Services Commission	시행
	일본	Ministry of Economy, Trade and Industry	시행
	대만	Financial Supervisory Commission	시행
	브루나이	Autoriti Monetari Brunei Darussalam	시행
	인도네시아	Bank of Indonesia Financial Technology Office	시행
	말레이시아	Bank Negara Malaysia	시행
	태국	Bank of Thailand	시행
	인도	Financial Stability Board, Reserve Bank of India	예정
중동	요르단	Central Bank of Jordan	시행
	사우디아라비아	Saudi Arabia's Capital Markets Authority	시행
	아랍에미레이트	Abu Dhabi Global Market's Financial Services Regulatory Authority	시행
	바레인	Central Bank of Bahrain	시행
기타	호주	Australian Securities and Investments Commission	시행
	시에라리온	Bank of Sierra Leone	시행
	모리셔스	Board of Investment, Mauritius	시행

자료: Deloitte Center for Government Insights analysis 참고하여 정리

P·A·R·T

4

맺음말

13장 박수 칠 것인가, 박수 받을 것인가

13장
박수 칠 것인가, 박수 받을 것인가

월스트리트발 글로벌 금융위기가 전 세계적으로 자본 중심의 금융산업에 대한 신뢰와 지속가능성에 심각한 의문을 제기하였다면, 그에 대한 대안으로 급부상한 핀테크 산업은 단기간 내에 금융의 얼굴을 바꾸고, 금융 서비스의 자세를 바꾸고, 마침내 금융산업의 구조를 뒤흔들면서 금융의 새로운 가치를 창조해 가고 있다. 핀테크가 금융산업에 가져온 변화는 누구도 쉽게 예상치 못한 현상이지만 이제는 누구도 부정할 수 없는 거대한 흐름으로 자리잡고 있다. 세계 곳곳에서 핀테크가 가져온 변화에 대해 이야기하고, 스타트업을 비롯한 기업들은 획기적인 핀테크 서비스를 출시하기 위해 고민하고, 투자자들은 전 세계를 돌며 유망한 핀테크 기업을 찾아내기 위해 노력하고 있다. 소비자들은 더 효율적인 금융 생활을 누리기 위해 많은 정보를 찾아가며 새로운 상품과 서비스를 비교하고 시도해 본다. 핀테크는 짧은 기간 동안 금융산업의 경계를 넘어서 거의 모든 분야에서 서비스가 제공되고 소비되는 방식을 고객의 편의 중심으로 더 효율적이고 더 간편하게 바꾸어 가고 있다. 이제는 단순히 기술적 변화의 결과가 아닌 새로운 문화적 현상으로 자리 잡아 가고 있는 것이다.

변화는 언제나 새로운 것에 대한 기대와 함께 익숙한 과거에서 벗어나 아직 가보지 않은 미래를 마주해야 한다는 불안감을 동반한다. 그러나 분명한 것은 변화가 가져오는 새로운 기회는 언제까지나 우리를 기다려 주지 않는다는 사실이다. 변화가 정말 문 앞까지 온 것인지, 변화에 꼭 적응해야만 하는지, 남들도 다 그렇게 하고 있는지 살피는 동안 다른 누군가는 그러한 변화에 빠르게 적응하고, 변화가 가져온 새로운 기회를 선점하기 위해 누구보다 발 빠르게 움직인다.

핀테크가 몰고 온 금융의 혁신을 경제 전체로 확산시키고 그러한 혁신의 모멘텀을 살리기 위한 세계 각국의 노력과 경쟁은 실로 엄청나다. 핀테크가 미국, 영국, 싱가포르 등 선진국 경제권에서 활성화되는 동시에 중국, 인도, 남아프리카 등 신흥국에서도 빠르게 성장하며 금융산업의 지형을 바꾸고 있다는 사실은 기존의 경제 규모나 금융시장의 발달 정도와 관계없이 핀테크를 통한 혁신의 기회는 누구에게나 열려 있다는 점을 잘 보여 준다. 핀테크를 둘러싼 경제 주체들 간에 혁신이 가져오는 가치에 대한 신뢰와 협력을 통한 성장에 대한 비전이 공유되기만 한다면 기존에 갖고 있던 자원과 시장의 특성에 맞게 핀테크가 활발히 성장할 수 있도록 최적화된 에코시스템을 만들어 낼 수 있는 것이다.

지난 수년간 글로벌 금융시장은 혁신을 몰고 등장한 핀테크 스타트업의 눈부신 성공에 놀라고, 그들의 성공을 가능하게 했던 혁신적 정책과 규제 환경의 변화에 큰 관심을 보이며 성공사례를 배우고 새로운 기회를 잡기 위해 들썩였다. 이제는 누가 글로벌 핀테크 시장을 이끌어 나가고 있으며, 어떤 형태로 금융시장을 만들어 나갈 것인지에 대한 그동안의 고민과 시도의 결과물이 가시화될 시점이 가까워 오고 있다. 이미 앞서 살펴보았던 핀테크 혁신의 많은 사례들은 기업이나 정책기관을 막론하고 누가 더 혁신의 가치를 인정하고, 더 나은 미래를 위한 혁신을 이끌어내기 위해 얼마나 효과적으로 노력하느냐가 핀테크가 가져온 기회를 잡는 열쇠라는 사실을 잘 보여 주었다. 그리고 그러한 혁신을 성장으로 연결시키기 위해서는 핀테크의 성장에 필요한 에코시스템을 구성하는 각각의 요소들이 유기적으로 연결되어 제 기능을 잘 해주어야 한다는 점을 알 수 있다. 그런 의미에서 핀테크의 성장은 개별 기업이나 산업의 성장이 아닌 국가적 역량이 총 결집된 결과물이라고 볼 수 있다.

어느 시대를 막론하고 새로운 성취를 이뤄 낸 기업이나 국가에는 아낌없이 박수를 보내야 하겠지만 그 성취가 국가 경제의 미래를 좌우하는 결과와 직결되어 있다는 점을 생각한다면 마냥 남의 성공을 축하하며 앉아 있을 수만은 없다. 핀테크가 바로 그러하다. 아직 기회의 시계가 완전히 멈추기 전에 핀테크가 불러온 혁신의 씨앗을 살려내고 그것을 키워 내기 위해 모든 역량을 총동원한다면 어쩌면 아직 아무도 이뤄 내지 못한 금융의 미래에 더 먼저 도착할 수도 있을 것이다.

미주

► 서문

1 가상화폐 거래소 폐쇄 정말 가능할까, 연합뉴스, 2018-01-13

2 분산원장 기술은 거래정보를 기록한 원장(ledger)을 특정 중앙서버가 아닌 P2P(Peer-to-Peer) 네트워크에 분산하여 거래 참가자가 공동으로 기록하고 관리할 수 있도록 하는 기술을 의미한다.(참고자료: Daniel Drescher, Blockchain Basics: A Non-Technical Introduction in 25 steps, Apress(2017); 한국은행, 분산원장 기술과 디지털통화의 현황 및 시사점(2016) 등)

3 'Business Ecosystem' reviewed by Will Kenton, Investopedia, updated Jan 23, 2018

4 '에코시스템', ICT Standard Weekly, TT, 한국정보통신기술협회(2018.12.18 접속)

5 https://www.investopedia.com/terms/b/business-ecosystem.asp

► 1장 패러다임 전환, 아이디어가 세상을 지배한다

6 Business Insider, Fintech could be bigger than ATMs, PayPal, and Bitcoin combined, business insider intelligence, May 17, 2018.

7 "What is a FinTech? Start-ups which improve banking and finance," BNP Paribas
https://group.bnpparibas/en/hottopics/fintech/briefing(2018.12.21 방문)

8 Pew Research Center,
http://www.pewresearch.org/topics/millennials(2018.12.21. 방문)

9 Cambridge Dictionary
https://dictionary.cambridge.org/dictionary/english/millennial(2018.12.18. 방문)

10 '미래기업운영의 뇌관' 밀레니얼 세대 공략법. 삼성전자 뉴스룸, 2018.01.31.

11 동 조사에 따르면 X세대 중 스마트폰을 갖고 있는 비율은 85%임

12 Michael Dimock, 'Defining generations: Where Millennials end and post-millennials begin,' Pew Research Center, 2018.3.1

13 동 조사에 따르면 기술진보의 측면에서 볼 때 베이비 붐 세대는
   텔레비전(TV)의 급속한 보급과 함께 성장했고, X 세대는 컴퓨터의 발전과 함께
   성장했다는 특징을 갖는다.

14 'Why Millennials Flock to Fintech for Personal Investing,' HBS Digital
   Initiative, December 18, 2018

15 Ibid.

16 Pooja Singh, Millennials are less concerned about data security risk,
   Entrepreneur Asia Pacific, August 6, 2018

17 Desiree Duffy, Millennials lead the change in the latest fintech trends,
   equities.com, March 26, 2018

18 Megan Gorman, Why Gen X is not a forgotten financial generation, Forbes,
   January 23, 2019

19 Jillian Williams, The future is aging: Fintech solutions for a forgotten
   generation, Anthemis Insights, March 13, 2019

20 Fujitsu, Future Insights, Digital Transformation of Banking Services, June
   2018.

► 2장 일상의 핀테크, 금융이 친절해졌다

21 EY, FinTech Adoption Index 2017

22 조사 대상 시장은 중국, 인도, 러시아, 남아프리카, 콜롬비아, 페루, 네덜란드,
   멕시코, 아일랜드, 영국, 아르헨티나, 홍콩, 싱가포르, 대한민국, 칠레, 브라질,
   독일, 스웨덴, 스위스, 호주, 스페인, 이탈리아, 캐나다, 미국,
   벨기에/룩셈부르크, 프랑스, 일본으로 총 27개국 시장임.

23 EY, Global Fintech Adoption Index 2019

► 3장 핀테크, 누구를 위해 존재하나

24 World Bank Group, 'Digital Dividends,' World development report 2016

25 Financing sustainable development: Is fintech the solution, problem, or
   irrelevant? Simon Zadek, Brookings, Monday, February 11, 2019

26 UNSGA et al., Igniting SDG Progress Through Digital Financial Inclusion,
   September 2018

27 한국은행, 2018 지급결제보고서, 2019.3.

28 GSMA, 'The Mobile Economy 2018'

29 한국인터넷진흥원, 인터넷이용실태조사 2017

30 한국인터넷진흥원, 인터넷이용실태조사 2017

31 GSMA, 2018

32 Ibid.

33 Pew Research Center, 'Social Media Use Continues to Rise in Developing Countries but Plateaus Across Developed Ones,' June 2018

▶ 4장 팀 코리아, 에코시스템에 주목하라

34 KPMG, The Pulse of Fintech 2018, January 4, 2018

35 Ibid.

36 Joseph Schumpeter, Capitalism, Socialism and Democracy. New York: Harper and Brothers. 5th ed. 1942; Joseph Alois Schumpeter(1883~1950), The Library of Economics and Liberty, www.econlib.org/library/Enc/bios/Schumpeter.html/(2019.7.5 방문)

37 Maria Terekhova, B2B startups are taking over European fintech, Business Insider, September 20, 2017

▶ 5장 핀테크 DNA, 혁신 그리고 스타트업

38 Startup Genome Report 2018, Startup Genome.

39 Vivek Wadhwa, 'The case for old entrepreneurs,' The Washington Post, December 2, 2011

40 Vivek Wadhwa, 'The case for old entrepreneurs,' The Washington Post, December 2, 2011

41 이윤정, '30대 이상이 퇴물? 40대가 20대보다 창업 성공률 높다,' 조선비즈 2018.5.27

42 Azoulay, et al., 'Age and High—Growth Entrepreneurship,' NBER Working Paper No. w24489, 2018

43 Sambhav Rakyan and Edward Hsu, Rewarding talent the Fintech way, August 14, 2018, Willis Towers Watson

44 Ibid.

45 David Shadpour, 'The Key Elements for Building A Successful Startup

Culture,' Forbes, February 23, 2018

46 김유석, '왜 스타트업을 이야기하는가,' Deloitte

47 북리뷰-넷플릭스 스타트업의 전설, 조선비즈 2015. 03.28

48 Dan Jackson, 'The Netflix Prize: How a $1 Million Contest Changed Binge-Watching Forever,' Thrillist, July 7, 2017

49 "아이디어 삽니다" 은행권에 사내 벤처 바람, 한국일보 2019.02.01

50 [3S 뱅킹이 뜬다(4) 끝 우리은행] 사내 벤처 '드림셀'은 아이디어 허브, 2019.2.22 한국금융신문

51 "젊은 감각 아이디어 수용" 사내 벤처 실험 나선 은행, 서울경제 2019-01-20

52 "젊은 감각 아이디어 수용" 사내 벤처 실험 나선 은행, 서울경제 2019-01-20

53 David Shadpour, 'The Key Elements for Building A Successful Startup Culture,' Forbes, February 23, 2018.

54 American Banker, 'Best Fintechs to Work for,' by Rob Garver, March 07, 2018

55 Ibid.

56 Ibid.

▶ 6장 새로운 시장의 탄생: 레그테크와 인슈어테크

57 PwC, Global FinTech Report 2017

58 Deloitte, Explore the frontiers of the RegTech Universe. https://www2.deloitte.com/lu/en/pages/technology/articles/regtech-comp anies-compliance.html

59 글로벌 금융위기 이후 영국(Senior Managers and Certification Regime: SMCR), 홍콩(Managers-in-Charge: MIC), 호주(Banking Executive Accountability Regime: BEAR) 등 전 세계적으로 금융기관 관리책임자의 개별 책임에 관한 요건이 강화됨.

60 Stacey English and Susannah Hammond, 'Cost of Compliance 2018', Thomson Reuters

61 Global RegTech Summit, http://fintech.global/globalregtechsummit/(2019. 5. 20 방문)

62 FinTech Global, 'More than $9.5bn has been invested in RegTech companies globally over the last five years', 20 February 2019

63 PwC, Global FinTech Report 2017

64 FinTech Global 2019

65 개인정보보호 종합포털, 유럽 일반 개인정보보호법(GDPR),
    https://www.privacy.go.kr/gdpr(2019.3.15 방문)

66 [기획 8] 레그테크, 이젠 금융IT 핵심 현안… "상시 대응전략 가동," 2018.
    07.08, 디지털데일리(2018.3.15 방문)

67 개인정보보호 종합포털, 유럽 일반 개인정보보호법(GDPR)
    https://www.privacy.go.kr/gdpr(2019.3.15 방문)

68 Google Is Fined $57 Million Under Europe's Dtata Privacy Law, Jan. 21, 2019
    The New York Times; EU, 美 IT 기업 겨냥한 GDPR 과징금 때리기 본격화,
    2019.1.23 디지털데일리; 구글, '개인정보 규정 어겼다' 佛 과징금 부과에 불복,
    2019.1.24 매일경제

69 European Commission,
    https://ec.europa.eu/justice/smedataprotect/index_en.htm(2019.4.1. 방문)

70 trunomi – Solve GDPR, 2015.12.11
    https://www.trunomi.com/solve－gdpr/(2019.3.15 방문)

71 World Government Summit, Regtech for Regulators: Re－Architect the
    System for Better Regulation, February 2018

72 Deloitte, https://www2.deloitte.com/lu/en/pages/technology/articles/
    regtech－companies－ compliance.html

73 Deloitte, Analysis: RegTech Universe, Take a closer look at who is orbiting
    the RegTech space.
    https://www2.deloitte.com/lu/en/pages/technology/articles/regtech－comp
    anies－compliance.html

74 Deloitte, www.deloitte.com/lu/regtechuniverse(2019.3.20. 방문)

75 World Government Summit, Regtech for Regulators: Re－Architect the
    System for Better Regulation, February 2018

76 FinTech Global, Annual Investment in InsurTech Doubled Last Year, Feb.
    7, 2019

77 SKT Insight, 'IT를 기반으로 진화하는 보험, 인슈어테크.' 2018.05.08.

78 McKinsey, Insurtech － the threat that inspires, March 2017

79 PwC, DeNovo Q2 2016 FinTech ReCap and Funding Review: The

un(der)banked is FinTech's largest opportunity, August 2016

80 McKinsey, 2018; SKT Insight, 2018.5.8

81 Progressive, https://www.progressive.com/(2019.3.18 방문)

82 Digital Insurance in Action, Oscar Health - the health insurance startup that wants to revolutionize healthcare
https://www.the−digital−insurer.com/dia/oscar−health−health−insuranc e−startup−wants−revolutionise−healthcare/(2018.3.18 방문)

83 보험과 기술의 접목 '인슈어테크' 급성장, 국내 보험사는 걸음마, Business post, 2018.02.25.

▶ 7장 메가뱅크의 트랜스포메이션: 생존을 위해 변화를 선택하다

84 Kelly Olsen, Fintech: Banks face 'extinction phase' amid new financial technology, CNBC, November 1, 2018

85 PWC, Redrawing the lines: FinTech's growing influence on Financial Services, Global FinTech Report 2017

86 McKinsey, Insurtech − the threat that inspires, March 2017

87 Fujitsu, Future Insights, Digital Transformation of Banking Services, June 2018.

88 Finextra, The critical change you need to make to your customer engagement strategy, November 2018

89 Fujitsu, June 2018

90 Ibid.

91 Scott Carey, The UK's new breed of digital challenger banks: ranked, Tech World, November 01, 2018

92 Ainsley Harris, Meet The Mobile−Only Bank For On−The−Go Millennials, Fast Company, January 16, 2015

93 Citi GPS: Global Perspectives & Solutions, March 2019

94 Ibid.

95 Ibid.

96 Finextra, 2018

97 Ibid.

98 Elliot Maras, Banco BPI aims to automate 100 percent of teller transactions in 2019, atm marketplace, Oct. 18, 2018

99 Ibid.

100 Finextra, 2018

101 Finextra, 2018

102 Fujitsu, 2018

103 위기에 빠진 도이치뱅크와 코메르츠뱅크… 양대은행 합병 부상, 파이낸셜신문, 2018.9.7

104 Deutsche Bank takes next step in open source journey, Media Release, February 7, 2018, Deutsche Bank.

105 Deloitte, Digital Banking Maturity Study EMEA 2018

▶ 8장 핀테크 에코시스템, 핵심을 잡아라

106 핀테크 에코시스템을 구성하는 네 가지 기본적 구성 요소는 EY, UK Fintech: on the cutting edge(2016)에서 제시되었으며, 이를 중심으로 다양한 요인들을 고려할 수 있다.

▶ 9장 인재, 핀테크 혁신의 주체

107 EY, UK FinTech on the cutting edge, 2016.

108 UK Research and Innovation, 'New scheme for overseas researchers to come to the UK,' 06/07/2018

109 Ibid.

110 Pat Saini, 'Tech nation visa – attracting the brightest tech talent to the UK,' Penningtons Manches Cooper, 26/07/2018

111 UK Visas & Immigration, Tier 1(Exceptional Talent) version 03/19.

112 EY, Fintech ecosystem playbook, 2018

▶ 10장 자본, 핀테크 혁신의 연료

113 EY, 2016

114 Ibid.

115 Medici, The FinTech IPO Wave Continues to Pick Up Pace, May 21, 2018

116 CB Insight, Why Aren't Fintech Companies Going Public? April 2, 2019

▶ 11장 수요, 핀테크 혁신의 주인공

117 EY, 2016

118 Gary Hwa, Eight ways FinTech adoption remains on the rise, EY, 2019

119 Ibid.

120 Tearsheet editors, List of top B2B fintech firms, Tearsheet, March 19, 2019

121 Donna Fuscaldo, Small Businesses Are The Next Wave of Fintech Focus, Forbes, February 12, 2019

122 Maria Terekhova, B2B startups are taking over European fintech, Business Insider, September 20, 2017

123 Ibid.

▶ 12장 정책, 핀테크 에코시스템의 열쇠

124 양효은, 영국의 핀테크 산업 지원정책 및 시사점, 오늘의 세계경제 Vol. 16, No. 31, 대외경제정책연구원, 2016. 11.8

125 양효은, 2016

126 FCA, Regulatory sandbox, Last updated 29/04/2019

127 FCA, Applying to the regulatory sandbox, Last updated 20/02/2019

128 FCA, Regulatory sandbox lessons learned report, October 2017

129 금융위원회, 금융규제 샌드박스로 금융의 새로운 길을 열다, 보도자료, 2019.4.17.

찾아보기

핀테크 에코시스템, 혁신을 잡아라

초판발행	2019년 11월 15일
지은이	양효은
펴낸이	안종만 · 안상준
편 집	배규호
기획/마케팅	이영조
표지디자인	조아라
제 작	우인도 · 고철민
펴낸곳	(주) **박영사**
	서울특별시 종로구 새문안로3길 36, 1601
	등록 1959. 3. 11. 제300-1959-1호(倫)
전 화	02)733-6771
f a x	02)736-4818
e-mail	pys@pybook.co.kr
homepage	www.pybook.co.kr
ISBN	979-11-303-0834-0 93320

정 가   17,000원